U0936627

【中华国学经典精粹】

人物志

［三国魏］刘劭 著　刘闯 评译

北京联合出版公司
Beijing United Publishing Co.,Ltd.

图书在版编目（CIP）数据

人物志 /（三国魏）刘劭著；刘闯评译. —北京：北京联合出版公司，2016.11（2023.4 重印）
（中华国学经典精粹）
ISBN 978-7-5502-9066-2

Ⅰ. ①人… Ⅱ. ①刘… ②刘… Ⅲ. ①人才学—中国—三国时代②《人物志》—通俗读物 Ⅳ. ①C96-092

中国版本图书馆CIP数据核字（2016）第268642号

人物志
作　　者：刘　劭
选题策划：宿春礼
责任编辑：肖　桓
封面设计：新纪元工作室
版式设计：新纪元工作室
责任校对：付玮婷

北京联合出版公司出版
（北京市西城区德外大街83号楼9层　100088）
三河市冀华印务有限公司　新华书店经销
字数：130千字　787毫米×1092毫米　1/32　5印张
2017年1月第1版　2023年4月第6次印刷
ISBN 978-7-5502-9066-2
定价：12.00元

未经许可，不得以任何方式复制或抄袭本书部分或全部内容
版权所有，侵权必究
本书若有质量问题，请与本公司图书销售中心联系调换。
电话：010-59625116

前言

重视对人物的评价，是中国思想的一大特点。因为自古以来，教化民众都需要人去实施。

而人的本质性情又不是纯粹单一的，非圣贤不能识别人才的优劣。正如北宋音乐家阮逸所说的：“人性为之原，而情者性之流也。性发于内，情导于外，而形色随之。故邪正态度，变露莫状，溷而莫睹其真也。惟至哲为能以材观情、索性、寻流、照原，而善恶之迹判矣。”

但圣贤并非代代都有，在缺乏圣贤的时代，因为当政者不能识别真正的人才，导致了祸乱不断。东汉末年的曹魏、蜀汉、东吴三足鼎立的局面，就是受到此类因素影响。而要想改变这种纷争不断的状况，最紧要的就是从人才选拔上做出改革，让执政者在政治上能发现符合条件之人。就是在这种时代背景下，刘劭的《人物志》出现了。

刘劭（生卒年不详），字孔才，广平邯郸（今河北邯郸）人，自幼通览群书，精通儒家经典，晚年执经讲学，著述丰富，参编的有《皇览》《新律》《孝经》注，著有《赵都赋》《许都赋》《洛都赋》等，不过其著作多已亡佚，目前仅存《人物志》《赵都赋》《上都官考课疏》。由此可见，刘劭具有深厚的儒学功底。

在政治仕途上，刘劭于汉献帝时入仕，初为广平吏，历任太子舍人、秘书郎等，进入魏朝后又历任尚书郎、散骑侍郎、陈留太守等，曾受爵“关内侯”，死后追赠光禄勋。由此可见，刘劭深谙为官之道。

既有儒学家教化民众的才能，又深谙为官之道，刘劭以自身为范验证了其著作《人物志》观点的可行性。

《人物志》作为我国第一部以人物为研究考察对象的专门著作，对我国古代的人才选拔制度产生过巨大的影响，北魏时期的儒学大家刘昞专门为其作注，本书中括号内文字即为刘昞所作注释，可帮助读者更深入理解原著内涵。对于《人物志》一书，宋代的阮逸、王三省，明代的郑旻，清代的纪晓岚，现当代的汤用彤、钱穆等学者纷纷给予赞誉之词。20世纪30年代，《人物志》还被美国心理学家施赖奥克翻译成英文，取名为《人类能力的研究》，在美国产生了很大的影响。可见人们对《人物志》的认可和喜爱之情。

《人物志》全书分为九征、体别、流业、材理、材能、利害、接识、英雄、八观、七缪、效难、释争等十二个部分，主要通过如何认识人才、如何发现人才、如何使用人才三个层次，系统地阐述了刘劭“量才用人”的思想，值得我们重视和吸取。

目 录

自序

【原文】

夫圣贤之所美①，莫美乎聪明②；（天以三光著其象，人以聪明昭其度。）聪明之所贵③，莫贵乎知人。（聪于书计者，六艺④之一术；明于人物者，官材⑤之总司。）知人诚智，则众材得其序，而庶绩⑥之业兴矣。

【注释】

①美：认为……好。

②聪明：明察事理。

③贵：重要。

④六艺：周王官学要求学生掌握的六种基本才能——礼、乐、射、御、书、数。

⑤材：通“才”，人才。

⑥庶：众多。绩：事功。

【译文】

圣贤认为一个人好的资质中，最好的莫过于明察事理；（天以日、月、星来显示征兆，人用明察事理来昭示气度。）明察事理中最重要的，莫过于辨识人才。（擅长文字与筹算，是六艺中的技巧；善于辨别人物，是负责选拔人才官员的素质。）如果能够用智慧来辨别人才，就能让众多的人才按等级任用，各种事业就会蒸蒸日上。

【原文】

是以圣人著爻象[①]则立君子小人之辞，（君子者，小人之师；小人者，君子之资[②]。师资相成，其来尚矣。）叙《诗》志则别风俗雅正之业，（九土[③]殊风，五方[④]异俗，是以圣人立其教不易其方，制其政不改其俗。）制礼乐则考六艺祗[⑤]庸之德，（虽不易其方，常以诗礼为首；虽不改其俗，常以孝友为本。）躬南面[⑥]则援俊逸辅相之材，皆所以达众善而成天功也。（继天成物，其任至重，故求贤举善，常若不及。）天功既成，则并受名誉。（忠臣竭力而效能，明君得贤而高枕。上下忠爱，谤毁何从生哉。）是以尧以克明俊德为称，舜以登庸二八[⑦]为功，汤以拔有莘之贤[⑧]为名，文以举渭滨之叟[⑨]为贵。

【注释】

①爻象：本指《周易》中的爻辞和象辞，后泛指《易传》。

②资：利用。

③九土：九州。

④五方：东、西、南、北、中。

⑤祗（zhī）：恭敬。

⑥南面：古代帝王上朝时坐北朝南，因此将“南面”代指帝王之位。

⑦二八：八恺八元。八恺是高阳氏时八个才德兼备的人：苍舒、隤敳、梼戭、大临、尨降、庭坚、仲容、叔达。八元是高辛氏时八个才德兼备的人：伯奋、仲堪、叔献、季仲、伯虎、仲熊、叔豹、季狸。相传舜曾任用八恺管理土地、农业，处理各种事务，任用八元掌管礼仪教化。

⑧有莘之贤：当时在有莘国为奴的伊尹，后辅助商汤灭夏朝，为商朝的建立立下了汗马功劳。

⑨渭滨之叟：当时在渭水之阳垂钓的吕望，俗称姜子牙，后帮助周文

王之子周武王伐纣，是开创西周的大功臣，也是齐国的开国之君。

【译文】

因此圣人作《易传》的时候，就确立了“君子”和“小人”的不同，（君子，是小人学习的对象；小人，是君子利用的对象。二者相辅相成，由来已久。）写作《诗经》的时候，就根据诗歌不同的意志情感而分出了《风》《雅》《颂》的类别，（九州风气不同，五方习俗不同，所以圣人在设立教化时不改变其常规，在制定政策时不改变其习俗。）制定礼乐制度的时候，就通过考察人们的六艺来考察其恭敬守常的品德，（虽然不改变其常规，但固定把诗礼放在首位；虽然不改变其习俗，但固定以孝顺友爱为根本。）身为君王，就要选用出类拔萃有辅佐国政才能的人才，这些都是选拔众多人才而成就帝王霸业的事。（秉承天意养育万物，这个任务最重，所以寻求举荐贤能之士，常常好像做不到。）成就了帝王霸业后，君王和贤臣就能一起享受盛名和美誉了。（忠良的臣子竭尽全力辅佐尽忠，贤明的君王得到贤能之士而高枕无忧。上爱下忠，诽谤哪里能出现呢？）因此尧帝以能辨别才德出众的人才而著称，舜帝凭借提拔任用八恺八元这样的贤能之士而建立帝王功业，商汤因为选拔有莘氏的贤人伊尹而闻名，周文王因为举用在渭水边垂钓的姜太公而被尊崇。

【原文】

由此论之，圣人兴德[①]，孰不劳聪明于求人，获安逸于任使者哉！（采士饭牛[②]，秦穆所以霸西戎；一相仲父[③]，齐桓所以成九合。）是故仲尼不试，无所援升，犹序门人以为四科[④]，泛论众材以辨三等[⑤]。（举德行为四科之首，叙生

人物志

知为三等之上。明德行者，道义之门；质志气者，材智之根也。）又叹中庸，以殊圣人之德，（中庸之德其至矣乎！人鲜久矣，唯圣人能之也。）尚德以劝庶几之论，（颜氏之子，其殆庶几乎！三月不违仁，乃窥德行之门。若非志士仁人、希迈之性，日月至焉者[6]岂能终之？）训六蔽[7]以戒偏材之失，（仁者爱物，蔽在无断；信者露诚，蔽在无隐。此偏材之常失也。）思狂狷[8]以通拘抗之材，（或进趋于道义，或洁己而无为，在上者两顺其所能，则拘抗并用。）疾悾悾[9]而无信，以明为[10]似之难保。（厚貌深情，圣人难之。听其言而观其所为，则似托不得逃矣。）又曰"察其所安，观其所由"，以知居止之行。（言必契始以要终，行必睹初以求卒，则中外之精粗可见矣。）

【注释】

①德：古代指天地化育万物的功能。

②采士饭牛：在秦国的远郊喂牛的百里奚，是秦穆公用五张黑羊皮从市井之中换回的一代名相，后辅佐秦穆公称霸西戎，秦国也因此成为春秋五霸之一。采士：远郊的士人。饭牛：喂牛。

③仲父：是齐桓公对管仲的尊称，管仲在齐国实行尊王攘夷，辅佐齐桓公九合诸侯，一匡天下，成了春秋时第一个霸主。

④四科：孔子将他的弟子分为德行、言语、政事、文学四个类别。

⑤三等：孔子将人分为三个等级：生而知之、学而知之、困而学之。

⑥日月至焉者：孔子对不坚持"仁"的人的称呼。

⑦六蔽：孔子总结的人们因不好学而导致的品德上六种偏弊：好仁不好学，其蔽也愚；好知不好学，其蔽也荡；好信不好学，其蔽也贼；好直不好学，其蔽也绞；好勇不好学，其蔽也乱；好刚不好学，其蔽也狂。

⑧狂狷（juàn）：指志向高远的人与拘谨自守的人。

⑨悾悾（kōng）：态度诚恳的样子。

⑩为：通“伪”。

【译文】

由此说来，圣贤想要成就化育万物的德政，有哪一个不是运用自己明察事理的才能去寻找各种人才，并通过任用这些人才而让自己获得安逸的呢？（获得在远郊喂牛的百里奚，这是秦穆公称霸西戎的原因；任用管仲为相，这是齐桓公九合诸侯成为霸主的原因。）所以孔子虽然不能实现自己的政治主张，不被君王提拔任用，但他仍然将弟子按照德行、言语、政事、文学四科来分类；将所有人分为生而知之、学而知之和困而学之三等。（以德行选拔人才是四科之首，生而知之是三等中的上等人。光大德行，就能进入道义之门；以志向气度为本，就是才能智力的根本。）孔子又崇尚中庸，以彰显圣人的德行，（中庸恐怕是最高的德行了！普通人很少能做到，只有圣人能做到。）用对颜渊的赞扬来鼓励人们崇尚道德，（颜渊这个弟子，几乎是个贤人了吧！长期不改仁义之德，才能看到德行之门。如果不是志士仁人稀有的超凡脱俗，那些不坚守仁义的人怎能有始有终呢？）用六蔽的训诫来避免人们才能畸形发展的弊病，（仁者爱物，却有优柔寡断的弊病；信者坦诚，却有尽显隐私的弊病。这些都是偏才常有的缺陷。）希望得到志向高远有进取精神的人和洁身自守拘谨无为的人，让他们的才能得到尽情发挥，（有的人因为道义而奋进，有的人因为洁身自好而无为，君主如果能发挥这两者的才能，就能达到拘抗并用的效果。）痛恨那些态度诚恳却不讲信义的人，意在告诉人们伪装是难以持久的。（厚貌深情，圣人也难以看透其内心。听其言观其行，则假象后面的真相就无法逃脱了。）孔子又说“观察一个人的行为，了解他的内心”，就知道他真实的举止行动了。(从头到尾地听他的言辞，从头到尾地观察他的行为，就能发现他由表及里的真实情况了。)

【原文】

人物之察也，如此其详[①]。(不详察则官材失其序，而庶政之业荒矣。)是以敢依圣训，志[②]序人物，庶[③]以补缀遗忘，惟博识君子裁览其义焉。

【注释】

①详：审慎。

②志：记述。

③庶：希望。

【译文】

对人才的考察，就要这样谨慎。(不谨慎考察，就不能让人才按等级任用，使得各种事物荒废。)所以我斗胆按照圣人的准则，记述辨别人才的方法，希望以此来弥补以前的圣贤在这方面的疏漏和遗失，希望博学多识的君子裁决采纳其中的道理。

九征第一

（人物情性、志气不同，征神见貌，形验有九。）

【题解】

九征，是指人的性情的九种外在表现，包括精神、感情、筋腱、骨骼、气息、脸色、仪表、容貌、语言。这九种外在表现是由人的内在本质，也就是人们常说的五常——仁、义、礼、智、信来决定的，二者互为表里，表里和谐与否、表里和谐的程度，都影响着人才品第的高低。

【原文】

盖人物之本，出乎情性。（性质禀之自然，情变由于染习。是以观人察物，当寻其性质也。）情性之理，甚微而玄，非圣人之察，其孰能究之哉？（知无形状，故常人不能睹，惟圣人目击而照之。）凡有血气者，莫不含元一[①]以为质，（质不至则不能涉寒暑，历四时。）禀阴阳以立性，（性资于阴阳，故刚柔之意别矣。）体五行而著形。（骨劲筋柔，皆禀精于金木。）苟有形，质犹可即而求之。（由气色外著，故相者得其情素[②]也。）

【注释】

①元一：本指事物最初始最本源的状态，此处指人的本质。

②情素：本心。

【译文】

人的内在最根本的资质，是通过他的思想与性情表现出来的。(性情是人的自然本质，思想则是受外界的影响而成。所以观察人和事，应当观察他的性情。)关于思想与性情的道理，极为玄妙深奥，若非圣人考察，谁又能弄明白它们呢？(人的思想没有具体的形态，所以一般人看不到，只有圣人能够明白地昭示。)大凡有生命的个体，没有不包含最根本最初始状态的性质的，(人的最初始的生理状态如果没有发展到最完善，就不能度过严寒酷暑，经历春夏秋冬四季。)秉承阴阳二气来确立其刚柔的性情，(人的本性赋予阴阳二气的强弱不同，决定了性情刚强和柔弱的不同。)依据金、木、水、火、土五行来构筑形体。(骨骼的刚劲和筋络的柔软，都是因为禀受了金木的精气。)只要是有形体的生命个体，就可以通过其形体看到其内在的本质。

【原文】

凡人之质量，中和[1]最贵矣。(质白受采，味甘受和，中和者，百行之根本，人情之良田也。)中和之质，必平淡无味，(惟淡也，故五味得和焉。若苦，则不能甘矣。若酸也，则不能咸矣。)故能调成五材[2]，变化应节[3]。(平淡无偏，群材必御，致用有宜，通变无滞。)是故观人察质，必先察其平淡，而后求其聪明。(譬之骥騄[4]，虽超逸绝群，若气性不和，必有毁衡[5]碎首决胸之祸也。)聪明者阴阳之精，(离目坎耳[6]，视听之所由也。)阴阳清和则中睿外明，圣人淳耀，能兼二美。知微知章，(耳目兼察，通幽达微，官材授方，举无遗失。)自非圣人莫能两遂。(虽得之于目，或失之于耳。)故明白之士，达动之机而暗于玄虑，(达于进趋而暗于止静，以之进趋，则欲速而成疾；以之深虑，则抗夺[7]而不入也。)玄虑之人，识静之原而困于速捷，(性安沉默而智乏应机，以之闲静，则玄微之道构，以之济世，则劲捷而无成。)犹火日外照不能内见，金水内映不能外光。（人各有能，物各有性。是以圣人任明白以进趋，委守成于玄虑，然后动止得节，出处应宜矣。）二者之义，盖阴阳之别也。（阳动阴静，乃天地之定性，况人物乎！）若量其材质，稽[8]诸五物，五物之征亦各著于厥体矣。（筋勇色青，血勇色赤，中动外形，岂可匿也。）

【注释】

①中和：儒家中庸之道的主要内涵。中庸之道，指不偏不倚，折中调和的处世态度。

②五材：古代的五种德行：勇、智、仁、信、忠。

③应节：本指迎合节拍，此处指适应社会需要。

④骥騄：古代一种行速极快的良马，后代指良马。

⑤衡：古代车辕前端的横木。

⑥离目坎耳：《周易》将人的八个身体部位与八卦相对应：乾为首，坤为腹，震为足，巽为股，坎为耳，离为目，艮为手，兑为口。

⑦抗夺：拒绝，反对。

⑧稽：考察。

【译文】

人的资质和能力中，以各种情绪的表现与外界环境和谐一致的中和状态最为珍贵。（质地纯白就容易受到颜色美化，味道甘美就容易调和。中和是所有行动的根本，是培养人们性情的肥沃土壤。）中和这种素质，一定是平淡无味的，（只有平淡无味，才能调和五味。如果是苦的，就不能变甜了。如果是酸的，就不能变咸了。）所以它能够调和出仁、智、忠、信、勇五种品德，并根据社会需要而不断变化。（性情平和淡然无所偏私，就能驾驭各种人才，使人尽其才，灵活变通无所阻碍。）所以考察一个人的素质，一定要先考察他是否有平和淡然的素质，然后再探求他聪明与否。（就像骥騄这种良马，虽然资质超逸绝群，如果脾气性情不平和，一定会引起车毁人亡的祸端。）聪明是人的阴阳二气结合的精华，（眼睛和耳朵，是听觉和视觉的根本。）阴阳二气清纯和谐就能让人内心聪慧外表敏锐，圣人光彩耀人的原因，就是因为他兼具聪慧、敏锐这两种美德。既能明察秋毫又能洞悉宏观，（耳目并用，通幽达微，任用人才交代任务，做事周到没有一丝遗漏。）除了圣人没有谁能同时做到这两点。（虽然用眼观察了，却没有用耳去倾听。）所以反应机敏的人，虽然能抓住行动的机会却做不到深思熟虑，（擅长奋进却做不到止静，让这样的人去奋进，就会欲速则不达；让这样的人去深思熟虑，他们根本就听不进去意见。）深思熟虑的人，能够静思事物的源头却不能快速敏捷地行动，（性情安静沉默而缺乏应变机智，让这样的人静思默想，就能成就玄微之道；让这样的人去救助百姓，就会因为缺乏敏捷而一无所成。）就像火光和阳光能照耀外物却不能映出自身的形象，金属和水面能映出外物的形象却不能对外物释放光芒。（每个人都有自己的能力，每个物体都有自己的属性。所以圣人让聪明的人去奋进，让收成稳重的人去深思熟虑，动静就符合自然的规则，恰到好处了。）二者之所以不同，是因为阴阳的不同。（阳动阴静是天地固有的本性，何况是人和物呢？）如果衡量一个人的才能和资质，用金木水火土这五种物质来对照进行考察，那么这五种物质的特征也就显著地存在于他的身上了。（青色为筋脉之勇，红色为血脉之勇，内在稍有动静外形即有相应的表现，怎么可能隐藏呢？）

【原文】

其在体也，木骨、金筋、火气、土肌、水血五物[①]之象也。（五性[②]者成形之具，五物为母，故气色从之而具。）五物之实，各有所济，（五性不同，各有所禀。禀性多者则偏性生也。）是故骨植[3]而柔者谓之弘毅，弘毅也者，仁之质也。（木则垂荫，为仁之质。质不弘毅，不能成仁。）气清而朗者谓之文理[4]，文理也者，礼之本也。（火则照察，为礼之本。本无文理，不能成礼。）体端而实者谓之贞固，贞固也者，信之基也。（土必吐生[5]，为信之基也。基不贞固，不能成信。）筋劲而精者谓之勇敢，勇敢也者，义之决也。（金能断割，为义之决。决不勇敢，不能成义。）色平而畅者谓之通微[6]，通微也者，智之原[7]也。（水流疏达，为智之原。原不通微，不能成智。）五质[8]恒性，故谓之五常矣。（五物，天地之常气。五德，人物之常行。）

【注释】

①五物：金、木、水、火、土五种物质。

②五性：仁、义、礼、智、信五种性情。

③植：同“直”，挺拔。

④文理：礼仪。

⑤吐生：滋养生命。

⑥通微：通晓万物，洞察细微。

⑦原：同“源”，本源。

⑧五质：弘毅、文理、贞固、勇敢、通微五种品质。

【译文】

金、木、水、火、土这五种物质与人的身体对应起来，骨骼就是木的象征，筋脉就是金的象征，气息就是火的象征，肌肉就是土的象征，血脉就是水的象征。（仁、义、礼、智、信这五种性情与金、木、水、火、土这五种物质对应起来，以五种物质为本源，所以人的面色神态根据这五种物质而生。）五种物质所对应的物象，各自有其成就人的品质的作用，（五种性情各不相同，各自有所赋予。赋予多的就会导致性情偏移。）所以骨骼挺拔又柔韧的人被称为志向远大、意志坚强的人，志向远大、意志坚强，这是“仁”的资质。（树木垂荫，是仁的品质。没有志向远大、意志坚强的品质，就不能成就“仁”。）气息清纯又明朗的人被称为懂得礼仪之道的人，懂得礼仪之道，这是“礼”的根本。（火光可照察万物本性，是“礼”的根本。不懂得礼仪，就不能成就“礼”。）形体端正而又坚实的人被称为守持正道、坚定不移的人，守持正道、坚定不移，这是“信”的根基。（土必定滋养生命，是“信”的基础。基础如果不坚固，就不能成就“信”。）筋腱强劲而精干的人被称为勇敢果断的人，勇敢果断，这是“义”的前提。（金属能割断物品，是“义”的前提。做不到勇敢果断，就不能成就“义”。）血色平和而通畅的人被称为通晓万物、洞察细微的人，通晓事物、洞察细微，这是“智”的本源。（水流畅通，是“智”的本源。本源不通晓万物、洞察细微，就不能成就“智”。）弘毅、文理、贞固、勇敢、通微五种品质都具有恒常不变的特性，所以称它们为“五常”。（金、木、水、火、土这五种物质，是天地的常气。仁、义、礼、智、信这五种品德，是人类的常行。）

【原文】

五常之别，列为五德，是故温直而扰毅，木之德也。（温而不直则懦，扰而不毅则剉[①]。）刚塞而弘毅，金之德也。（刚而不塞则决，弘而不毅则缺。）愿恭而理敬，水之德也。（愿而不恭则悖，理而不敬则乱。）宽栗而柔立，土之德也。（宽而不栗则慢，柔而不立则散。）简畅而明砭，火之德也。（简而不畅则滞，明而不砭则翳[②]。）虽体变无穷，犹依乎五质。（人情万化不可胜极，寻常竟源，常在于五。）

【注释】

①剉（cuò）：折伤，挫伤，挫折。

②翳（yì）：枯竭。

【译文】

根据五常的不同，分出了与五行相对应的五种品德，所以温和正直而和顺坚毅，是木的品德。（温和而不正直，就是懦弱；和顺而不坚毅，就会受挫。）刚健笃实而志向远大、意志坚定，是金的品德。（刚健而不笃实，就易断裂；志向远大而意志不坚定，就不完整。）忠厚诚实、恭敬庄重而有治理才能又谨慎恭敬，是水的品德。（忠厚诚实而不恭敬庄重，就是混乱；有治理才能而不谨慎恭敬，就会导致昏乱。）宽宏大量小心谨慎而温柔有办事才能，是土的品德。（宽宏大量而不小心谨慎，就是懈怠；而温柔却没有办事才能，就是散漫。）爽快刚直、简约流畅而明于事理、善于劝谏，是火的品德。（爽快刚直而不简约流畅，就会滞涩；而明于事理却不善于劝谏，就会枯竭。）虽然人的品德有无穷的变化，还是要依据金、木、水、火、土这五种物质的本质来变化。（人的性情变化无穷，探寻恒常不变的根源，还是五常。）

【原文】

故其刚柔明畅贞固之征著乎形容，见[①]乎声色，发乎情味，各如其象。（自然之理，神动形色，诚发于中，德辉外耀。）故心质亮[②]直，其仪劲固；心质休决，其仪进猛；心质平理，其仪安闲。夫仪动成容，各有态度：直容之动，矫矫行行[③]；休容之动，业业跄跄[④]；德容之动，颙颙卬卬[⑤]。

【注释】

①见：同“现”，表现。

②亮：通“谅”，诚信。

③矫矫：武勇的样子。行行：刚强的样子。

④业业：害怕危险而小心翼翼的样子。跄跄（qiàng）：走路有节奏的样子。

⑤颙（yóng）颙卬（áng）卬：庄重恭敬，气概轩昂。

【译文】

所以一个人内在的刚柔、明畅、贞固的品质都会在外部形体上有显著的反映，从其声音神色显示出来，从其性情趣味发散出来，各自与其外在的表现一致。（这是自然的天性，人的心理活动一有变化，外在的形体上就会有所体现，果真发自内心，品德的光辉就会在形体上闪耀。）所以一个人的内在品质诚信正直，他的仪表就坚毅刚强；一个人的内在品质美善刚毅，他的仪表就奋进勇猛；一个人的内在品质平和有条理，他的仪表就安逸悠闲。人们仪表的外部表现，各自有不同的姿态风度：正直之人的仪态，是武勇刚强的；温和之人的仪态，是心怀危惧小心谨慎的；品德高尚之人的仪态，是庄重恭敬、气宇轩昂的。

【原文】

夫容之动作发乎心气，（心气于内，容见于外。）心气之征，则声变是也。（心不系一，声和乃变。）夫气合成声，声应律吕[①]。（清而亮者律，和而平者吕。）有和平之声，有清畅之声，有回衍之声。（心气不同，故声发亦异也。）夫声畅于气则实存貌色，（非气无以成声，声成则貌应。）故诚仁必有温柔之色，诚勇必有矜奋之色，诚智必有明达之色。（声既殊管，故色亦异状。）夫色见于貌所谓征神[②]，（貌色徐疾为神之征验。）征神见貌则情发于目，（目为心候，故应心而发。）故仁目之精[③]，悫[④]然以端；（心不倾倚，则视不回邪。）勇胆之精，煜[⑤]然以强。（志不怯懦，则视不衰悴。）然皆偏至之材，以胜体为质者也，（未能不厉而威，不怒而严。）故胜质不精则其事不遂。（能勇而不能怯，动必悔吝随之。）是故直而不柔则木，（木强激讦[⑥]，失其正直。）劲而不精则力，（负鼎绝膑[⑦]，失其正功。）固而不端则愚，（专己自是，陷于愚戆[⑧]。）气而不清则越，（辞不清顺，发越无成。）畅而不平则荡。（好智无涯，荡然失纪。）是故中庸之质，异于此类。（勇而能怯，仁而能决，其体两兼，故为众材之主。）五常既备，包以澹味。（既体咸酸之量，而以无味为御。）五质内充，五精外章，（五质澹凝，淳耀外丽。）是以目彩五晖之光也。（心清目朗，粲然自耀。）故曰物生有形，形有神精。（不问贤愚，皆受气质之禀性阴阳，但智有精粗，形有浅深耳。寻其精色，视其仪象，下至皂隶牧圉[⑨]，皆可想而得之也。）能知精神，则穷理尽性。（圣人有以见天下之动而拟诸形容，故能穷理尽性，以至于命。）

【注释】

①律吕：也称十二律，是古代乐律的统称。《伶州鸠论律》将十二律按次序分为单数、双数排列，称单数各律为“六”，称双数各律为“六间”。单数的六个律即六律，后世又称为六阳律；双数的六个律即六吕，后世又称为六阴律或六同。

②征神：反映人内在心理活动的神态、表情等。

③精：同“睛”，此处指眼神。

④悫（què）：诚实谨慎。

⑤煜（yù）：光亮。

⑥木强：质直刚强。激讦（jié）：激烈率直地揭发、斥责别人的隐私、过失。

⑦负鼎绝膑：举起大鼎而折断胫骨，指的是战国时期的秦武王嬴荡与大力士孟说比赛举“龙文赤鼎”，结果大鼎脱手，砸断胫骨，到了晚上就气绝而亡的故事，后用来比喻力不从心。

⑧愚戆（zhuàng）：愚笨戆直。

⑨皂隶牧圉（yǔ）：古代的下等人，此处泛指下等人。皂隶，指旧时衙门里的差役。牧圉，指古代养牛马的人。

【译文】

人的仪态行为是由其内在的心气而发的，（心气在人的内在活动，相应的仪态展现于外表。）心气变化的表征，是声音的变化。（内心活动不是单一的，会随着声音的变化而变化。）心气与声音相合，声音就会像乐音一样分为六律和六吕。（律声清纯明亮，吕声温和平缓。）有温和平缓的声音，有清纯流畅的声音，有回旋深长的声音。（心气不同，所发出的声音也不同。）声音流畅在气息中而其内在的本质表现在容貌气色上，（没有心气就没有声音，声音一形成容貌上就会有相应的表现。）所以真正仁爱的人必然有温柔的神色，真正勇敢的人必然有武勇果敢的神色，真正智慧的人必然有明澈通达的神色。（声音既然有高低的不同，容貌上自然也有不同的表现。）这些神色出现在容貌上就是人们所说的征神，（容貌气色变化的快慢是心神变化的验证。）征神出现在容貌上而其神情则从眼睛中表现出来，（眼睛是心的征候，所以眼神顺应心理变化而表现。）所以闪耀仁爱光辉的眼睛，是诚实谨慎、端正无邪的；（心不偏不私，眼神就不会邪恶。）拥有勇气胆量的眼睛，是光亮强劲的。（心志不胆怯懦弱，眼神就不会衰弱憔悴。）然而这些都是偏才，是让形体承担反映内质的任务，（不能让眼神做到不厉而威，不怒而严。）所以完美的内质不能精确反映，因此事情也不能如愿以偿。（能勇猛而不能胆怯，行动往往伴随着悔恨。）所以刚直而不柔和就是质朴木讷，（质直刚强、激烈率直，不是常态的直。）刚劲而不精干就是倔强，（举起大鼎折断胫骨，不是正常的结果。）固执而不端正就是愚蠢，（自专自以为是，就会陷入愚笨憨直。）吐气但不清纯就会飘扬四散，（吐字不清晰流畅，声音就会四处飘散。）声音流畅而不平和就会飘荡消失。（想知道所有事，荡然没有约束。）所以中庸的资质，和以上所说的是不一样的。（能勇猛也能胆怯，能仁爱也能决断，二者兼备，所以能成为最出色的人才。）既然内在已经具备了仁、义、礼、智、信这五常的资质，就用平淡来包装外部。（既有咸酸之质，又有无味之表。）内在被五常的资质充实，外在就表现出五种精神，（五种特质在内在凝聚，淳朴光耀在外表显现。）所以目光神情散发出如五彩光辉般绚烂多姿的光辉。（内心纯净目光明朗，明亮耀眼。）所以说万物生来就有自己的形体，形体上显现其精神。（不论贤能还是愚钝，都是受阴阳气质赋予所致，但智慧有精粗之别，外在表现有深浅之别。探寻其精微的深情，观察其外在表现，就连下等人也能想到并做到。）能够深刻地了解人们的精神，就把世间的道理和人类的性情研究透了。（圣人能够根据人们外在行为的表现而看到人们内在心理活动的规律，所以能将世间的道理和人类的性情研究透，甚至连命运也参透。）

【原文】

性之所尽，九质[①]之征也。（阴阳相生，数不过九，故性情之变，质亦同之。）然则平陂[②]之质在于神，（神者质之主也，故神平则质平，神陂则质陂。）明暗之实在于精[③]，（精者实之本，故精惠[④]则实明，精浊则实暗。）勇怯之势在于筋，（筋者势之用，故筋劲则势勇，筋弱则势怯。）强弱之植在于骨，（骨者植之基，故骨刚则植强，骨柔则植弱。）躁静之决在于气，（气者决之地也，气盛决于躁，气冲决于静矣。）惨怿[⑤]之情在于色，（色者情之候也，故色悴由情惨，色悦由情怿。）衰正之形在于仪，（仪者形之表也，故仪衰由形殆，仪正由形肃。）态度之动在于容，（容者动之符也，故邪动则容态[⑥]，正动则容度。）缓急之状在于言。（言者心之状也，故心恕则言缓，心褊则言急。）其为人也，质素平澹，中睿外朗，筋劲植固，声清色怿，仪正容直，则九征皆至，则纯粹之德也。（非至德大人，其孰能与于此。）

【注释】

①九质：神、精、筋、骨、气、色、仪、容、言九种表现。

②陂（pō）：倾斜，不平坦。

③精：同"情"，情感。

④惠：同"慧"，聪慧。

⑤怿（yì）：欢喜，喜悦。

⑥态：通"慝"（tè），隐藏，把心隐藏起来，存有邪念。

【译文】

人的所有性情，可概括为神、精、筋、骨、气、色、仪、容、言九种表现。（阴阳相生相长，但其数大不过九，所以性情的变化、质的变化也都相同。）这就是平正与邪歪的本质存在于人的精神，（神掌控质，所以神平正质就平正，神邪歪质就邪歪。）聪明与愚蠢的实质存在于人的感情，（精神是实质的本源，精神聪慧实质就聪明，精神浑浊实质就愚蠢。）勇敢与怯懦的态势存在于人的筋腱，（筋是气势的功用，筋强健气势就勇猛，筋软弱气势就怯懦。）强弱的支柱存在于人的骨架，（骨骼是支柱的基础，骨骼刚硬支柱就坚固，骨骼柔弱支柱就软弱。）暴躁与平静的关键存在于人的气息，（气息是决定情绪的关键，气盛决定急躁，气冲决定平静。）悲伤与喜悦的情绪存在于人的面色，（面色是情绪的征候，所以面色憔悴是因为情绪悲伤，面色喜悦是因为情绪喜悦。）衰怠与端正的形态存在于人的仪态，（仪态是形体的表征，所以形体困乏仪态就衰败，形体肃穆仪态就端庄。）举止神情的活动存在于人的面容，（面容是行动的表现，行动邪恶面容就阴险狡诈邪恶，行动正派面容就大度雍容。）和缓与急切的状态存在于人的言辞。（言辞是心理的外在表现，心怀宽恕言辞就和缓，心胸狭小言辞就急切。）作为一个人，如果内质纯洁平和淡泊，内心聪慧外表清朗，筋腱强健挺拔，声音清纯神色喜悦，仪表端正容貌庄重，就具备了九征，就获得了精纯完美的道德。（除了拥有至高无上德行的大圣人，谁能达到这个境界呢？）

【原文】

九征有违，（违谓乖戾也。）则偏杂之材也。（或声清色怿而质不平淡，或筋劲植固而仪不正直。）三度[①]不同，其德异称。（偏材荷一至之名，兼材居德仪之目，兼德体中庸之度。）故偏至之材，以材自名；（犹百工众伎，各有其名也。）兼材之人，以德为目。（仁义礼智，得其一目。）兼德之人，更为美号。（道不可以一体说，德不可以一方待。育物而不为仁齐，众形而不为德凝。然平淡与物无际，谁知其名也。）是故兼德而至，谓之中庸。（居中履常，故谓之中庸。）中庸也者，圣人之目也。（大仁不可亲，大义不可报，无德而称，寄名于圣人也。）具体而微，谓之德行。德行也者，大雅之称也。（施仁以亲物，立义以利仁，失道而成德，抑亦其次也。）一至谓之偏材，偏材，小雅之质[②]也。（徒仁而无义，徒义而无仁，未能兼济，各守一行，是以名不及大雅也。）一征谓之依似[③]，依似，乱德之类也。（纯讦[④]似直而非直，纯宕[⑤]似通而非通。）一至一违谓之间杂，间杂，无恒之人也。（善恶参浑，心无定是，无恒之操，胡可拟议。）无恒依似，皆风人[⑥]末流。（其心孔艰[⑦]者，乃有教化之所不受也。）末流之质，不可胜论，是以略而不概也。（蕃徒成群，岂可数哉？）

【注释】

①三度：偏才、兼才、兼德这三种人才在品德、才能方面的不同程度。

②质：相当，对等，等同。

③依似：似是而非。

④讦（jié）：斥责别人的过失，揭发别人的隐私。

⑤宕（dàng）：放荡，不受拘束。

⑥风人：古代采集民歌风俗等以观民风的官员，也指诗人。

⑦孔艰：很难知道。

【译文】

违背九征的人，（违就是抵触而不一致。）叫作偏杂之才。（或者是声音清纯、面色喜悦但内质不平和淡泊，或许是筋腱强劲挺拔坚固但仪态不端正刚直。）偏才、兼才、兼德这三种人才在品德、才能方面的程度不同，人们对他们品德的称呼也不同。（偏才只在一种才能上比较出色，兼才有德仪兼备之称，兼德体现了中庸的气度。）所以偏至之才，用其在某一方面的才能来命名；（就像各种工匠艺人那样，各自有各自的称号。）兼才之人，用其所具有的品德来称呼。（仁、义、礼、智，获得其中一种品德。）兼德之人，更要用一种抽象的“美”来称呼。（道不可以用一种方式来体现，德不可以用一种方式来看待。养育万物而不因为归于仁而消灭差别，形形色色的失误不因为归于德而凝为一体。然而平和淡泊与其他事物没有界限，谁能知道它的具体名称呢？）所以兼具各种品德而达到至高的境界，称之为中庸。（居中履常，所以称之为中庸。）中庸，是对圣人的称呼。（至高无上的仁爱不可亲近，至高无上的大义不可回报，德行境界至高难以形容，暂且用圣人来称呼他。）总体上兼具各种品德但境界还不高，称之为德行。德行，是对大雅之人的称呼。（施行仁爱来亲近万物，确立义来推广仁，违背道义而成就德行，也在其次。）在某一方面的才能出类拔萃，叫作偏才。偏才，等同于小雅。（只有仁爱而没有道义，只有道义而没有仁爱，没有做到二者兼具，只能各守一行，所以不能被称为大雅。）只具备九征中的一征，叫作依似，依似，属于德行紊乱的一类。（一味攻击别人的缺陷，看起来正直其实并不正直；一味地放荡不羁，看起来通达其实并不通达。）在某些方面有才但在另外一些方面又无德，叫作间杂，间杂，是没有固定不变品德的人。（善恶混杂，内心没有固定的是非标准，没有固定不变的操守，有什么能形容这类人呢？）没有固定不变的品德的人和德行紊乱的人，都是风人中的末流之士。（这类人心胸狭小，就是对他们进行教化，他们也不会接受。）末流之人的品质，不能一一叙述，所以将省略它而不予关注。（这种人多如牛毛，怎么数得过来呢？）

体别第二

（禀气阴阳，性有刚柔，拘抗文质，体越各别。）

【题解】

体别，是指各种各样的偏才之人以及他们各自的长处和短处。只有极少数人在才能上能达到中庸的境界，绝大部分人是达不到中庸境界的偏才之人，而以一种才能见长的人，在表现才能的时候，也表现出相应的短处。如何发挥偏才之人的长处，规避偏才之人的短处，就是必须要思考的问题。

【原文】

夫中庸之德，其质无名。（泛然不系一貌，人无得而称焉。）故咸而不碱①，（谓之咸耶？无碱可容。公渐切，卤也，与硷②同。）淡而不醴③，（谓之淡耶？味复不醴。）质而不缦④，（谓之质耶？理不缦素。）文而不缋⑤。（谓之文耶？采不画缋。）能威能怀，能辨能讷，（居咸淡之和，处质文之际，是以望之俨然，即之而文，言满天下无辞费。）变化无方，以达为节。（应变适化，期于通物。）

【注释】

①碱：碱土，一种含有盐分的土壤，古人通过煮碱土提取其中的盐分。

②硷：同“碱”。

③醴：没有味道。

④缦（màn）：没有花纹的丝织品。

⑤文：同“纹”，纹理，花纹。缋（kuì）：彩色的花纹图案。

【译文】

中庸这种道德，无法对它的实质内容给出一个确定的名称。（泛然不拘单一的状态，人们找不到一个合适的名称来称呼它。）所以它虽然咸却没有碱土的苦涩，（说它咸吗？它又没有碱的味道。碱，公渐切，卤，同“碱”。）它虽然平淡却并非没有味道，（说它淡吗？它又不是没有味道。）它虽然看起来质朴无华却并非没有纹饰，（说它质朴无华吗？它又并非没有纹饰。）它虽然看起来有纹彩却并非像五彩花纹的图案那样浮艳。（说它有纹彩吗？它又不是像五彩花纹那样浮艳。）它能威慑人也能安抚人，它能言善辩又惜字如金，（它是咸和淡的中和，处质朴文化之际，所以看上去庄重肃穆，接触它就感受到莫大的文华，言辞滔滔不绝却没有半句废话。）它变化多端没有常规，以通达事物为限度。（它适应变化，期望通晓人情物理。）

【原文】

是以抗者过之，（励然抗奋于进趋之途。）而拘者不逮。（屯然无为于拘抗之外。）夫拘抗违中，故善有所章，而理有所失。（养形至甚则虎食其外，高门悬薄则病攻其内[①]。）是故厉直刚毅，材在矫正，失在激讦。（讦刺生于刚厉。）柔顺安恕，每[②]在宽容，失在少决。（多疑生于恕懦。）雄悍杰健，任在胆烈，失在多忌。（慢法生于桀悍。）精良畏慎，善在恭谨，失在多疑。（疑难生于畏慎。）强楷[③]坚劲，用在桢干[④]，失在专固。（专己生于坚劲。）论辨理绎，能在释结，失在流宕。（傲宕生于机辨。）普博周给，弘在覆裕，失在溷浊[⑤]。（溷浊生于周普。）清介廉洁，节在俭固，失在拘局。（拘局生于廉洁。）休动磊落，业在攀跻，失在疏越。（疏越生于磊落。）沉静机密，

人物志

精在玄微，失在迟缓。（迟缓生于沉静。）朴露径尽，质在中[⑥]诚，失在不微。（漏露生于径尽。）多智韬情，权在谲略[⑦]，失在依违。（隐违生于韬情。）及其进德之日不止，揆[⑧]中庸以戒其材之拘抗，（抗者自是以奋励，拘者自是以守局。）而指人之所短以益其失，（拘者愈拘，抗者愈抗，或负石沉躯，或抱木燋[⑨]死。）犹晋楚带剑递相诡反也。（自晋视楚则笑其在左，自楚视晋则笑其在右。左右虽殊，各以其用。而不达理者，横相诽谤。拘抗相反，皆不异此。）

【注释】

①养形至甚则虎食其外，高门悬薄则病攻其内：出自《庄子·达生》的两个寓言。前一句是讲鲁国人单豹的故事，单豹喜欢方术，为了保全自己自然赋予的天性，于是脱离尘俗，不吃粮食，不穿棉絮的衣物，居住在山林岩穴，七十岁了皮肤还像婴儿一样白嫩，后来被一只饥饿的老虎吃掉了。后一句是讲张毅的故事，张毅喜爱交际，上到高门贵族，下到平民百姓，无所不交，却在四十岁时因为患内热之病而死。

②每：贪求，贪图。

③楷（jiē）：楷树，也叫黄连木，此处指刚直。

④桢干（zhēn gàn）：本指古代筑墙时所用的木柱，此处指支撑、支持。

⑤溷浊（hùn zhuó）：混乱污浊或污浊的东西，此处指好坏混杂，好坏不分。

⑥中：同“忠”。

⑦谲（jué）略：谲诈多谋，狡诈多谋。

⑧揆（kuí）：揆量，揆度，揣测。

⑨燋（zhuó）：同“灼”，火烧。

【译文】

所以竞争进取的人努力过了头，（在奋进的路上极度努力。）而拘谨不争的人则是不够努力。（在奋进道路之外，止步不前无所作为。）拘谨和进取的人都违背了中庸之道，所以他们都有明显的优点，也有情理之中的缺点。（像单豹那样过于爱惜身体，却在外面被老虎吃掉；像张毅那样热爱奔走交际，却四十岁就得内热之病而死。）所以严厉耿直、刚毅不阿的人，他的才能在于纠正偏差，他的缺点在于激烈地攻击别人的短处。（激烈地攻击别人的短处，是因为生性刚厉。）温柔和顺安稳宽容的人，总是贪图宽宏大量、容忍谦让，他的缺点在于缺少决断。（多疑少决，是因为生性宽容懦弱。）雄健有力、强悍杰出的人，他的才能在于勇敢刚烈，他的缺点在于多忌。（轻视法律法规，是因为生性凶暴强悍。）精明强干、小心谨慎的人，他的长处在于恭敬谨慎，他的缺点在于多疑。（多疑多虑，是因为生性畏惧谨慎。）刚直、坚强不屈的人，他的作用在于骨干支撑，他的缺点在于专擅固执。（固执自专，是因为生性坚强不屈。）能言善辩、擅长分析事理的人，他的能力在于释疑解难，他的缺点在于思维飘荡散漫。（思维飘荡散漫，是因为能言善辩。）交际广博、能与各种人相处的人，他的优点在于广泛容纳众人，他的缺点在于好坏不分。（好坏混杂，是因为包容所有。）清正耿直、廉洁自持的人，他的节操在于节俭不奢，他的缺点在于拘谨自闭。（拘谨自闭，是因为追求廉洁自持。）行事磊落大方的人，他的功业在于向上攀登，他的缺点在于疏忽遗漏。（疏忽遗漏，是因为生性磊落大方。）沉稳安静、内有心计的人，他的长处在于思虑微妙玄远，他的缺点在于行动迟钝缓慢。（行事迟钝缓慢，是因为生性沉稳安静。）质朴无华、率直尽显的人，他的优点在于内心忠诚不渝，他的缺点在于不善于隐蔽自己。（暴露自己的短处，是因为全部暴露自己。）足智多谋、隐匿真情的人，他的灵活在于狡诈多谋，他的缺点在于左右依违、犹豫不决。（左右依违，是因为隐匿真情。）等到他们自认为德才大有长进，揆量中庸之道以避免自己才干的偏向极端，（振奋进取的人因此振奋。拘谨不争的人因此墨守成规。）通过指责别人的短处来增加他的过失，（拘谨不争的人越发拘谨不争，振奋进取的人越发振奋进取，有人背着石头投江沉底，有的人抱着树木被山火烧死。）就像晋人和楚人相互嘲笑对方佩剑的方向反了一样。（晋国人看到楚国人佩带宝剑就嘲笑他们把剑带在左边，楚国人看到晋国人佩带宝剑就嘲笑他们把剑带在右边。左右虽然不同，但各有功用。而不知道这个道理的人，彼此横加指责。拘谨不争和振奋进取的关系，和这没有什么不同。）

【原文】

是故强毅之人，狠刚不和。不戒其强之搪突[①]，而以顺为挠，厉其抗。（以柔顺为挠弱，抗其搪突之心。）是故可以立法，难与入微。（狠强刚戾，何机微之能入？）柔顺之人，缓心宽断。不戒其事之不摄，而以抗为刿[②]，安其舒。（以猛抗为刿伤[③]，安其恕忍之心。）是故可与循常，难与权疑。（缓心寡断，何疑事之能权？）雄悍之人，气奋勇决。不戒其勇之毁跌，而以顺为恇[④]，竭其势。（以顺忍为恇怯，而竭其毁跌之势。）是故可与涉难，难与居约。（奋悍毁跌，何约之能居？）惧慎之人，畏患多忌，不戒其懦于为义，而以勇为狎，增其疑。（以勇戆为轻侮，而增其疑畏之心。）是故可与保全，难与立节。（畏患多忌，何节义之能立？）凌楷之人，秉意劲特。不戒其情之固护，而以辨[⑤]为伪，强其专。（以辨博为浮虚，而强其专一之心。）是故可以持正，难与附众。（执意坚持，何人众之能附？）辨博之人，论理赡给。不戒其辞之泛滥，而以楷为系，遂其流。（以楷正为系碍，而遂其流宕之心。）是故可与泛序，难与立约。（辨博泛滥，何质约之能立？）弘普之人，意爱周洽。不戒其交之溷杂[6]，而以介为狷，广其浊。（以拘介为狷戾，而广其溷杂之心。）是故可与抚众，难与厉俗。（周洽溷杂，何风俗之能厉？）狷介之人，砭（甫廉反）清激浊。不戒其道之隘狭，而以普为秽，益其拘。（以弘普为秽杂，而益其拘局之心。）是故可与守节，难以变通。（道狭津隘，何通途之能涉？）休动之人，志慕超越。不戒其意之大猥[7]，而以静为滞，果其锐。（以沉静为滞屈，而增果锐之心。）是故可以进趋，难与持后。（志在超越，何谦后之能持？）沉静之人，道思回复。不戒其静之迟后，而以动为疏，美其懦。（以躁动为粗疏，而美其懦弱之心。）是故可与深虑，难与捷速。（思虑回复，何机速之能及？）朴露之人，中疑实硌[8]。不戒其实之野直，而以谲为诞，露其诚。（以权谲为浮诞，而露其诚信之心。）是故可与立信，难与消息[9]。（实硌野直，何轻重之能量？）韬谲之人，原度取容。不戒其术之离正，而以尽为愚，贵其虚。（以款尽为愚直，而贵其浮虚之心。）是故可与赞善，难与矫违。（韬谲离正，何违邪之能矫？）

【注释】

①搪突：同“唐突”，冒犯，亵渎。

②刿：通“昧”，愚昧。

③刿（guì）伤：刺伤伤害。

④恇（kuāng）：害怕，恐惧。

⑤辨：同“变”。

⑥溷杂：杂乱，混杂。

人物志

⑦大：同“太”。猥（wěi）：强烈，猛烈。

⑧硌（xiàn）：通“现”，表现。

⑨消息：变化。

【译文】

所以强悍耿直、刚毅不阿的人，态度强硬不和悦。他不想着努力戒除自己强硬冒犯他人的缺点，而是把别人的温柔和顺当作软弱屈服，使他的竞争进取之心更加强烈。（把他人的温柔和顺看作软弱屈服，从而更加强硬地冒犯他人。）所以这种人可以用来执法以建立法律的权威，很难让他处理细致入微的事。（狠戾刚强，怎么能细致入微？）温柔和顺的人，心性平缓、处事宽松。他不想着努力戒除自己做事不稳固持久的缺点，而是把振奋进取看作是昏暗愚昧，安心于自己宽舒安稳的处事方法。（把振奋进取当作伤害，安心于宽舒安稳的状态。）所以这种人可以让他遵循常规办事，很难让他决断疑难问题。（思想迟缓、优柔寡断，怎么能决断疑难问题呢？）雄健有力、强悍杰出的人，意气风发、勇猛果敢。他不想着努力戒除奋勇会带来的挫折和失败的缺点，而是把别人的顺应时势看作是胆小怕事，从而把可能带来挫折失败的逞强奋勇的气势发挥到极致。（把顺应时势看作是胆小怕事，把逞强奋勇直至挫折失败的事做到极致。）所以这种人可以让他做艰难万分的工作，却很难让他服从约束、接受限制。（逞强奋勇直至挫折失败，有什么约束能限制他呢？）畏惧谨慎的人，害怕祸患、诸多猜忌，他不想着努力戒除自己害怕行义的缺点，而是把别人的勇敢看作对人的轻视怠慢，从而进一步增长自己的猜疑心理。（把勇敢看作是对人的轻视怠慢，更增长了他的猜疑畏惧之心。）所以这种人能够保全自身，却很难要求他建立名节。（害怕祸患、多疑猜忌，怎么能树立名节和道义呢？）

严峻刚直的人，坚持自己意志的个性非常突出强烈。他不想着努力戒除自己情志专固不懂变通的缺点，而是把别人的变化看作虚伪，从而进一步强化自己固执不懂变通的性格。（把变化看作是虚伪，进一步强化他固执不变通的心理。）所以这种人能够坚持自认为正确的东西，却很难获得众人的依附。（固执地坚持自己的观点，怎么可能让众人依附？）能言善辩、见多识广的人，理论知识十分充足。他不想着努力戒除自己言论无所顾忌的缺点，而是把规矩看作束缚，放任自己的心志散漫飘荡。（把规矩看作是束缚，而放任自己的心志散漫飘荡。）所以这种人可以让他泛泛而谈，很难让他约束自己。（能言善辩、见多识广但心志散漫飘荡，什么东西能约束他呢？）交际广博能与所有人相处的人，对所有人施与仁爱之意。他不想着努力戒除自己结交混杂的缺点，而是把守正耿介看作是偏急暴戾，从而助长自己好坏不分的毛病。（把守正耿介看作是偏急暴戾，只能助长好坏不分的毛病。）所以这种人可以用来安抚众人，却很难让他激励世俗。（关爱所有人、好坏不分，能对人有什么激励呢？）清正耿直、廉洁自持的人，针砭抨击世事的清浊。他不想着努力戒除自己的处世狭隘的缺点，而是把普遍看作是污秽，变得更加拘泥和保守。（把普遍看作是污秽，只能助长拘泥和保守。）所以这种人可以坚守节操，却很难变通行事。（道路、渡口狭隘，怎么可能通向平坦的道路呢？）行为善美、光明磊落的人，钦慕高超远大的志向。他不想着努力戒除自我意志太强烈的缺点，而是把安稳沉静看作是呆板迟滞，从而更加果敢、锐意进取。（把沉稳安静看作是呆滞迟钝，只能助长果敢、锐意进取之心。）所以这种人可以让他开拓进取，很难让他处理善后事宜。（志向高远、渴望超越，怎么可能甘居人后持重守成呢？）沉稳平静的人，做事总是反反复复考虑其中的道理。他不想着努力戒除平静所导致的迟缓滞后的缺点，而是把积极的活动看作是粗疏，以怯懦为美德。（将焦急奔走看作是疏略不精细，来美化自己的懦弱之心。）所以这种人可以让他深思熟虑，很难让他快速敏捷地做事。（反反复复地思考谋算，怎么能做到快速敏捷呢？）质朴率直全部显露的人，把心中的疑惑都表现出来。他不想着努力戒除由于自己的实在带来的坦直无拘束的缺点，而是把权谋看作是荒诞，从而更加袒露自己的真诚之心。（把权谋看作是荒诞，越发袒露自己的真诚之心。）所以这种人可以和他讲信义，但很难让他顺时而变。（完全不隐藏内心，怎么可能衡量事物的轻重？）足智多谋、隐匿真情的人，推测揣度别人的心思讨好对方。他不想着努力戒除自己行事脱离正道的毛病，而是把诚恳尽力看作是愚昧不化，更加看重虚伪不实的东西。（把竭尽全力的诚恳看作是愚昧不化，只能助长他重视虚浮之心。）这种人可以让他赞扬善美，很难让他纠正错误、杜绝邪恶。（足智多谋、隐匿真情、偏离正道，怎么可能纠正错误、杜绝邪恶呢？）

【原文】

夫学，所以成材也。（强毅静其抗，柔顺厉其懦。）恕[①]，所以推情也。（推己之情，通物之性。）偏材之性不可移转矣。（固守性分，闻义不徙。）虽教之以学，材成而随之以失。（刚毅之性已成，激讦之心弥笃。）虽训之以恕，推情各从其心。（意之所非，不肯是之于人。）信者逆信。（推己之信，谓人皆信，而诈者得容为伪也。）诈者逆诈，（推己之诈，谓人皆诈，则信者或受其疑也。）故学不入道，恕不周物，（偏材之人各是己能，何道之能入，何物能周也？）此偏材之益失也。（材不能兼教之愈失，是以宰物者用人之仁去其贪，用人之智去其诈，然后群材毕集，而道周万物也矣。）

【注释】

①恕：推己及人。

【译文】

学习，是让一个人能够成才的方法。（学习能让刚强坚毅的人从振奋进取变得安静，能让温柔和顺的人从胆小懦弱变得刚厉。）恕，是用自己的心理去推想别人心理的方法。（用自己的心理去推想万物，就能通晓万物的性情。）而偏才的心性，因为片面僵化地固守“恕”的训导而不能灵活变通。（固守本性，闻听道义也不会改变。）即使用学习来教导他，他也会因学有所成而在实践中有所失误。（刚硬坚毅的性格已经形成，激烈率直地揭发、斥责别人的隐私、过失的心理更加强烈。）即使用宽恕来训导他，他也会以自己固定的心态来推想不同的人。（他觉得错误的，就不肯承认别人正确的地方。）他自己讲信用，就觉得所有人都是诚信的，（自己讲信用，推而广之就认为别人也讲信用，使得欺诈的人得以伪装。）他自己奸诈，会觉得所有人都是诈伪的，（自己主张欺诈，推而广之就认为别人也都主张欺诈，使诚信的人受到怀疑。）所以无法掌握学习真正的规律，讲恕就不能真正符合所推想的人的心理，（偏才之人各自肯定自己的才能，怎么能听进去道理，怎么能周全考量事情呢？）这就使得偏才之人的失误更严重了。（对人才不能求全责备，所以上天用人的仁爱去戒除人的贪婪，用人的智慧去戒除人的奸诈，然后才能聚集各类人才，让天下万物都受到大道的恩泽。）

流业第三

（三材为源，习者为流，流渐失源，其业各异。）

【题解】

流业，是指人才的源流或品类。人们在学习德、法、术时由于各自的偏好不同，所具备的才能也有所不同，从而形成了各种各样的人才源流或品类，概括起来有清节家、法家、术家、国体、器能、臧否、伎俩、智意、文章、儒学、口辩、雄杰等十二种，其中以德、法、术兼具的人才为上品，兼具其中两种次之，只具备其中一种再次之，君主必须对其量才任用。

【原文】

盖人流之业十有二焉：（性既不同，染习又异，枝流条别，各有志业。）有清节家，（行为物范。）有法家，（立宪垂制。）有术家，（智虑无方。）有国体，（三材[1]纯备。）有器能，（三材而微。）有臧否，（分别是非。）有伎俩，（错意工巧。）有智意，（能决众疑。）有文章，（属辞比事。）有儒学，（道艺深明。）有口辨[2]，（应对给捷。）有雄杰，（胆略过人。）

【注释】

①三材：德、法、术三种才能。

②辨：同“辩”，能言善辩。

【译文】

人们由志向所决定的事业或功业有十二种：（人们的性情不同，受到的影响也不同，成长方式不同，各有各的志向事业。）有清节家，（用品德行为树立楷模。）有法家，（制定法律制度。）有术家，（智谋思虑无人能及。）有国体，（兼具德、法、术三种才能。）有器能，（德、法、术三种才能都不足。）有臧否，（判断善恶是非。）有伎俩，（用心钻研工匠技艺。）有智意，（能断决众多疑难问题。）有文章，（能连缀文辞，排比事实，记载历史。）有儒学，（道德高深，通晓学问。）有口辩，（能敏捷应对。）有雄杰（有过人的胆略。）。

【原文】

若夫德行高妙，容止可法，是谓清节之家，延陵、晏婴[①]是也。建法立制，强国富人，是谓法家，管仲、商鞅是也。思通道化，策谋奇妙，是谓术家，范蠡、张良是也。兼有三材，三材皆备，（德与法、术皆纯备也。）其德足以厉风俗，其法足以正天下，其术足以谋庙胜，是谓国体，伊尹、吕望是也。兼有三材，三材皆微，（不纯备也。）其德足以率一国，其法足以正乡邑，其术足以权事宜，是谓器能，子产、西门豹[②]是也。兼有三材之别，各有一流，（三材为源，则习者为流也。）清节之流，不能弘恕，（以清为理，何能宽恕？）好尚讥诃，分别是非，（己不宽恕，则是非生。）是谓臧否，子夏[③]之徒是也。法家之流，不能创思远图，（法制于近，思不及远。）而能受一官之任，错意施巧，（务在功成，故巧意生。）是谓伎俩，张敞、赵广汉[④]是也。术家之流，不能创制垂则，（以术求功，故不垂则。）而能遭变用权，权智有余，公正不足，（长于权者，必短于正。）是谓智意，陈平、韩安国[5]是也。凡此八业，皆以三材为本。（非德无以正法，非法无以兴术，是以八业之建，常以三材为本。）故虽波流分别，皆为轻事之材也。（耳目殊官，其用同功，群材虽异，成务一致。）能属文著述，是谓文章，司马迁、班固是也。能传圣人之业，而不能干事施政，是谓儒学，毛公、贯公[6]是也。辩不入道而应对资给，是谓口辩，乐毅、曹丘生[7]是也。胆力绝众，才略过人，是谓骁雄，白起、韩信是也。凡此十二材，皆人臣之任也，（各抗其材，不能兼备，保守一官，故为人臣之任也。）主德不预焉。

【注释】

①延陵：春秋时吴国人季札，吴王寿梦第四子，亦称公子札，封于延陵，因此人称延陵季子，品德高尚，是具有远见卓识的政治家和外交家，为避王位"弃其室而耕"常州武进焦溪的舜过山下。晏婴：春秋时齐国著名政治家、思想家、外交家晏子，名婴，字仲，聪颖机智，能言善辩，以有政治远见、外交才能和作风朴素闻名诸侯。

②子产：春秋时郑国杰出的政治家、思想家姬姓，氏公孙，名侨，字子产，号成子，辅佐郑简公、郑定公二十余年，其政治经济改革在一定程度上推动了奴隶制向封建制的过渡。西门豹：战国时魏国人，是著名的政治家、水利家，曾立下赫赫功勋，最出名的事迹是在邺县废除了当地为河伯娶妇的陋习。

③子夏：春秋末年晋国人（一说卫国人）卜（bǔ）商，字子夏，尊称"卜子"或"卜子夏"，性格阴郁、勇武，爱结交比自己贤能的人，为人"好与贤己者处"，关注与时俱进的当世之政，最终发展出一套偏离儒家正统政治观点的政治及历史理论，是"孔门十哲"之一，七十二贤之一。

④张敞：西汉汉宣帝时的大臣，为官清廉，整顿京城治安颇有成效。赵广汉：西汉在汉昭帝后期及汉宣帝前期的名臣，字子都，执法不避权贵，

以强有力的手腕治理地方治安，深受百姓爱戴。

⑤陈平：西汉王朝的开国功臣之一，自小就喜欢读书，胸有大志，其“六出奇计”为刘邦夺取天下起了重要作用。韩安国：西汉时的名臣、将领，自幼博览群书，成为远近闻名的辩士与学问家，因为帮助梁孝王和汉政权化解了几次危机，深得汉景帝的信任，并在汉武帝时进入汉王朝中央政权的核心圈。

⑥毛公：西汉学者毛亨，据称其诗学传自子夏，作《毛诗故训传》，传授赵人毛苌。时人谓毛亨为大毛公，毛苌为小毛公。贯公：西汉学者贯长卿，是古文学派毛诗派的传人，见于《汉书·儒林传》。

⑦乐（yuè）毅：战国后期杰出的军事家，受封昌国君，曾统率燕国等五国联军攻打齐国，连下七十余城，创造了中国古代战争史上以弱胜强的著名战例，报了强齐伐燕之仇，辅佐燕昭王振兴燕国，但后因燕惠王猜忌，投奔赵国，被封于观津，号为“望诸君”。曹丘生：秦末辩士，楚人，喜欢依附贵人，利用贵人权势向人请托金钱，与贵人赵谈、窦长君交好。

【译文】

至于德行高尚美好，仪容举止可以被众人效法的人，被称为清节家，比如吴国的延陵季子、齐国的晏婴。建立法规、确立制度，使国家强大人民富裕的人，被称为法家，比如齐国的管仲、秦国的商鞅。思想通达并顺应客观规律的变化，计策谋略奇诡绝妙的人，被称为术家，比如越国的范蠡、汉朝的张良。兼有德、法、术三种才能，且三种才能都发展得比较完善，（德、法、术都纯正完备。）其品德能够勉励好的社会风气和习俗的建立，其制定的法律能够匡正天下歪风邪气，其谋术能够谋划朝廷预先制订的克敌制胜谋略的人，被称为国体，比如殷商的伊尹、西周的吕望。兼有德、法、术三种才能，但三种才能都发展得不完善，（德、法、术都不够纯正完备。）其品德足以成为一国的表率，其制定的法律足以匡正基层社会的歪风邪气，其谋术能够应变各种事物的人，被称为器能，比如郑国的子产、魏国的西门豹。兼有德、法、术三种才能中的两项才能，并且各自有自己的流派，（德、法、术三种才能为本源，学习三种才能的人组成流派。）清节家流派的人，不能宽宏大量，（追求至清至纯，怎么能宽恕呢？）喜欢讥笑责备非难别人，分辨谁是谁非，（不能宽恕，就会滋生是非。）这种人被称为臧否，比如子夏这样的人。法家流派的人，不能创新思虑作长远规划，（针对眼前的情况制定法律，没有长远的考虑。）但能胜任官位，用心施展自己的技巧，（追求务必成功，所以想要施展技巧。）这种人被称为伎俩，比如汉朝的张敞、赵广汉。术家流派的人，不能创建制度垂示法则，（用术去追求成功，所以不能垂示法则。）但能在情况变化的时候权衡变通，权变智谋有余，而公平端正不足，（善于权变的人，必定做不到公正。）这种人被称为智意，比如汉朝的陈平、韩安国。以上八类人才，都是以德、法、术三种才能作为根本。（没有德就不能正法，没有法就不能兴术，所以以上八种人才要建立功业，总要以德、法、术三种才能为根本。）所以虽然他们的流派不同，却都是能够轻而易举地完成职责分内之事的人才。（耳朵和眼睛虽然不同，但对人都很有用，各种人才虽然不同，但都能办成事。）能撰写文章著书立说的人，被称为文章，比如汉朝的司马迁、班固。能传承圣人的事业，却不能参与国事实施政事的人，被称为儒学，比如汉朝的毛公、贯公。辩论的方法不合正道但能言善辩的人，被称为口辩，比如燕国的乐毅、汉代的曹丘生。胆量勇力出类拔萃，才学谋略高于众人的人，被称为骁勇善战的英雄，比如白起、韩信。以上所说的十二种人才，都是承担臣子责任的人，（各有一种才能突出，不能兼有德、法、术三种才能，只能做一个方面的官员，所以承担臣子的责任。）这其中不包括善于使用各种人才的君主。

【原文】

主德者，聪明平淡，总达众材，而不以事自任者也。（目不求视，耳不参听，各司具官，则众材达。众材既达，则人主垂拱无为而理。）是故主道立，则十二材各得其任也。（上无为则下当任也。）清节之德，师氏①之任也。（掌以道德教道胄子②。）法家之材，司寇③之任也。（掌以刑法禁止奸暴。）术家之材，三孤④之任也。（掌以庙谟佐公论政。）三材纯备，三公⑤之任也。（位于三槐坐而论道。）三材而微，冢宰⑥之任也。（天官之卿总御百官。）臧否之材，师氏之佐也。（分别是非以佐师氏。）智意之材，冢宰之佐也。（师事制宜以佐天官。）伎俩之材，司空之任也。（错意施巧故掌冬官⑦。）儒学之材，安民之任也。（掌以德艺保安其人。）文章之材，国史之任也。（宪章纪述垂之后代。）辩给之材，行人之任也。（掌之应答送迎道路。）骁雄之材，将帅之任也。（掌辖师旅讨平不顺。）是谓主道得而臣道序，官不易方，而太平用成。（太平之所以成，由官人之不易方。若使足操物，手求行，四体何由宁，理道何由平？）若道不平淡与一材同用好，（譬大匠善规，惟规之用。）则一材处权，而众材失任矣。（惟规之用则矩不得立其方，绳不得经其直，虽日运规矩无由成矣。）

【注释】

①师氏：始于西周的官名，官位尊显，负责教育贵族子弟。

②胄（zhòu）子：指帝王或贵族的长子。

③司寇：始于西周的官名，位次三公，与六卿相当，与司马、司空、司

士、司徒并称五官，掌管刑狱、纠察等事，相当于后世的刑部尚书。

④三孤：西周周成王时设立的官名，是三公的副职，地位低于公而高于卿，也称三少，包括少师、少傅、少保。

⑤三公：官名，是古代最高辅政大臣的合称，一说是太师、太傅、太保，一说是司徒、司马、司空，位高禄厚，权力极大。

⑥冢宰：始置于殷商的官名，也称太宰，位次三公，为六卿之首，原为掌管王家财务及宫内事务的官员，春秋战国时泛指执掌国政的大臣。

⑦冬官：官名。上古设置官职以四季命名。《周礼》分设天、地、春、夏、秋、冬六官。冬官以大司空为长官，掌管工程制作，相当于后世的工部。

【译文】

主德，就是聪明平淡，统领提拔各类人才，而不是事事亲力亲为。（用眼睛专心看，用耳朵专心听，各司其职，则各类人才都能获得提拔。各类人才被提拔，君主就能做到无为而治。）所以主德之道确立，上述十二种人才就能按照各自的才能被任用。（君主无为而治，臣子就要各司其职。）拥有清节家品德的人，应安排在官位尊显的师氏这个位置上。（掌管道德教化，负责教育贵族弟子。）具备法家才能的人，应安排在主管刑狱的司寇位置上。（掌管刑法，禁止人们奸诈、凶暴的行为。）具备谋划才能的人，应安排在三孤这个位置上。（掌管国家决策，辅佐国政。）兼具德、法、术三种才能的人，应安排在三公这个位置上。（在三公的位置上和君主商讨政事。）德、法、术三种才能具备但不够完善的人，应安排在冢宰这个位置上。（天官之首，统领百官。）褒贬人物评论是非的人，可作为师氏的辅佐。（用辨别是非的能力来辅佐师氏。）善于权变智谋的人，可作为冢宰的辅佐。（用因时制宜的能力来辅佐冢宰。）能在具休官位上胜任的人，应安排在司空这个位置上。（用心施展技巧，所以掌管司空之任。）具有传播圣人之业才能的人，应安排在安抚百姓这个位置上。（掌管道德学问，可以安抚人心。）具有撰写文章才能的人，应安排在国史这个位置上。（记述典章制度，以传给后人。）具有论辩才能的人，应安排在行人这个位置上。（掌管接应、答谢、迎来送往之事。）骁勇雄悍的人，应安排在将帅这个位置上。（掌管统辖军队，讨伐叛党，平息叛乱。）所以说确立了主德之道，为臣之道就能井然有序，为官者不改变为官之道，太平盛世因此建立。（太平盛世之所以能建立，是因为为官者不改变为官之道。如果让脚拿东西，让手走路，四肢怎么能安宁，治理百姓怎么能平稳呢？）如果主德之道不是平静中庸而是偏好某种才能，（就像好的工匠善于使用圆规，就只用圆规这个工具。）那么就会使具有某种才能的人得势，而其他人才得不到任用。（只用圆规这种工具，就会使矩不能画直角或方形，就会使墨绳不能画直线，即使每天使用圆规也无法形成规矩。）

材理第四

（材既殊涂，理亦异趣，故讲群材，至理乃定。）

【题解】

材理，是指人才与道理的关系。道理分为道理、事理、义理、情理四类，人们在讨论这些道理时，即使性情纯正畅达的人也会产生九种偏颇，性情不够纯正畅达的人则会出现七种似是而非的表现，在相互争辩道理的时候还会产生三种失误和六种造成纠纷的情况，这都是偏才所致。只有具备了“聪能听序”“思能造端”等八种才能的通才，才能通晓所有道理。

【原文】

夫建事立义，莫不须理而定。（言前定则不惑，事前定则不踬[①]。）及其论难，鲜能定之。夫何故哉？盖理多品而人异也。（事有万端，人情舛驳[②]，谁能定之？）夫理多品则难通，人材异则情诡。情诡难通，则理失而事违也。（情诡理多，何由而得？）

【注释】

①踬（zhì）：被东西绊倒，指事情不顺利，受挫折。

②舛（chuǎn）驳：驳杂，错乱，不统一。

【译文】

办成一件事情确立一种观点，没有不依靠道理的支持而成功的。（说话前获得道理的支持就不会说不清楚，做事前获得道理的支持就不会不顺利。）然而在讨论辨明道理的时候，却很少能获得定论。这是什么缘故呢？大概是道理的种类很多而人才也不尽相同的缘故。（事物多种多样，人情庞杂不一，谁能给出一个定论呢？）道理的种类很多，就很难通用，人才不尽相同，性情就千差万别。性情千差万别，道理不能通用，就会出现找不到道理、难以达成共识、道理与事实相违背的情况。（性情千差万别，道理不能通用，怎么能获得适应所有人性情的一种道理呢？）

【原文】

夫理有四部，（道义事情，各有部也。）明有四家，（明通四部，各有其家。）情有九偏，（以情犯①明，得失有九。）流有七似，（似是而非，其流有七。）说有三失，（辞胜理滞，所失者三。）难有六构，（强良②竞气，忿构有六。）通有八能。（聪思明达，能通者八。）

【注释】

①犯：通“范”，规范。

②强良：也作“强梁”，指勇武有力之人。

【译文】

道理有四种，（道理、义理、事理、情理，各为一种。）道理的外在表现有四种，（明道、通义、明事、同情，各为一种。）

人的性情偏颇有九种，（用性情规范外在表现，会产生九种得失。）似是而非的现象有七种，（似是而非，分为七种现象。）在论说中造成的失误有三种，（辞藻华丽但道理不通，会导致三种损失。）在非难中构成的情绪有六种，（勇武有力的人争强好胜，会产生六种情绪。）兼通天下之理需要具备八种能力。（要想聪明通达，有八种方法可以做到。）

【原文】

若夫天地气化，盈虚损益，道①之理也。（以道化人，与时消息。）法制正②事，事之理也。（以法理人，务在宪制。）礼教宜适，义③之理也。（以理教人，进止得宜。）人情枢机④，情之理也。（观物之情，在于言语。）

【注释】

①道：自然界所有事物的发展变化规律。

②正：通“政”。

③义：符合社会道德的思想和行为。

④枢机：本指人们的言行，此处指人们的语言。

【译文】

至于天地阴阳之气化生而成的世界万物，有消长盈亏的变化，这是自然界所有事物发展变化规律的道理。（用道理教化人民，顺应时势的变化而变化。）用法律制度来治理政事，这是处理人事的道理。（用法律治理人民，一定要制定宪章制度。）用世间万物发展变化的道理来教育人们，让他们的一举一动都合时宜，这是关于“义”的道理。（用道理教导人们，人们的才能进退得宜。）通过观察一个人的语言来了解其性情，这是关于性情的道理。（观察事情的道理，在于观察其语言。）

【原文】

四理不同，其于才也，须明而章[①]，明待质而行。是故质于理合，合而有明，明足见理，理足成家。（道义与事情各有家。）是故质性平淡，思心玄微，（容不躁扰，其心详密。）能通自然，道理之家也。（以道为理，故能通自然也。）质性警彻，权略机捷，（容不迟钝，则其心机速。）能理烦速，事理之家也。（以事为理，故审于理烦也。）质性和平，能论礼教，（容不失适，则礼教得中。）辩其得失，义礼之家也。（以义为礼，故明于得失也。）质性机解，推情原[②]意，（容不妄动，则原物得意。）能适其变，情理之家也。（以情为理，故能极物之变。）

【注释】

①章：同“彰”，彰显。

②原：同“源”，本源。

【译文】

四种道理截然不同，对于人才而言，这四种道理必须依靠人才的外部表现才能彰显，而人们的外部表现又是依赖于其内部资质的。所以人才的资质要与道理相吻合，双方吻合了才会有相应的外部表现，外部表现充分才能体现出道理来，道理体现充分就能够形成一家之理。（道义与事情各有一家之理。）所以如果一个人资质平和恬淡，思考玄远微妙的事物，（面上没有急躁不安的神色，内心安详缜密。）能与自然相通，就是道理之家的表现。（遵守世间万物发展变化的规律，所以能与自然相通。）如果一个人资质敏锐观察透彻，善于灵活谋略且机智敏捷，（面上没有迟缓愚钝的神色，内心机智敏捷。）能处理繁杂紧急的事务，就是事理之家的表现。（遵守人事发展变化的规律，所以能处理繁杂的事务。）如果一个人资质性情温和平缓，能论说道理教化，（面上总是安逸愉悦的神色，就适合做教化人们的工作。）论说其中的得失，就是义理之家的表现。（用道义来礼教人们，所以能看清楚得失的道理。）如果一个人资质性情机敏聪颖而有悟性，喜欢推想他人的性情追溯其本意，（神色不随意变化，所以能够追溯到事物的本意。）能适应情意的变化，就是情理之家的表现。（尊重事物的本性，所以能从事物变化中掌握本质。）

【原文】

四家之明既异，而有九偏之情。以性犯[①]明，各有得失。（明出于真，情动于性。情胜明则蔽，故虽得而必丧也。）刚略之人，不能理微，（用意粗疏，意不玄微。）故其论大体，则弘博而高远；（性刚则志远。）历纤理，则宕往而疏越。（志远故疏越。）抗厉之人，不能回挠，（用意猛奋，志不旋屈。）论法直，则括处而公正；（性厉则理毅。）说变通，则否戾[②]而不入。（理毅则滞碍。）坚劲之人，好攻其事实，（用意端确，言不虚徐。）指机理，则颖灼而彻尽；（性确则言尽。）涉大道，则径露而单持。（言切则义少。）辩给之人，辞烦而意锐，（用意疾急，志不在退挫。）推人事，则精识而穷理；（性锐则穷理。）即大义，则恢愕而不周。（理细故遗大。）浮沉之人，不能沉思，（用意虚廓志不渊密。）序疏数，则豁达而傲[③]博；（性浮则志微。）立事要，则爁炎[④]而不定。（性傲则理疏。）浅解之人，不能深难，（用意浅近，思不深熟。）听辩

人物志

说，则拟锷[⑤]而愉悦；（性浅则易悦。）审精理，则掉转而无根。（易悦故无根。）宽恕之人，不能速捷，（用意徐缓，思不速捷。）论仁义，则弘详[⑥]而长雅；（性恕则理雅。）趋时务，则迟缓而不及。（徐雅故迟缓。）温柔之人，力不休强，（用意温润，志不美悦。）味道理，则顺适而和畅；（性和则理顺。）拟疑难，则濡懦而不尽。（理顺故依违。）好奇之人，横逸而求异，（用意奇特，志不同物。）造权谲，则倜傥而瑰壮；（性奇则尚丽。）案清道，则诡常而恢迂。（奇逸故恢诡。）此所谓性有九偏，各从其心之所可以为理。（心之所可以为理，是非相蔽终无休已。）

【注释】

①犯：通“范”，规范。

②否（pǐ）戾：乖戾，悖逆，不合情理。

③傲：通“敖”，游走。

④爁（làn）炎：火焰飘动的样子。

⑤锷（è）：刀剑的刃。

⑥详：通“祥”，祥和。

【译文】

上面四种道理的外在表现各不相同，所以衍生出了九种各有偏颇的性情。用性情来规范明智，使得四种道理各有得失。（明智出于真诚，情感出于性情。情感胜过明智就会蒙蔽心智，所以虽然得到也必将失去。）性情刚直粗略的人，不能处理细微的事情，（用心粗疏，就想得不远不细。）所以他在论说事物的概貌时，会宏大广博而高远；（性情刚直，志向就远大。）但在审视细微的事情时，就会因为豪迈不羁而多有疏漏。（志向远大，所以多有疏忽遗漏。）性情强猛严正的人，不懂得屈服退让，（用心勇猛奋进，不会退让屈服。）所以他在论说法律适用的地方时，能公正地执法审查刑狱；（性情严厉，就特别坚持道理。）但在需要灵活处理的事情上，就会乖戾不讲情理。（特别坚持道理，就会阻碍事情进行。）性情坚定强劲的人，喜欢探索事实真相，（用心端正，不说缓和而不实的话。）所以他在揭示事物具体变化的原理时，有尖锐鲜明而透彻的见解；（性格锐利，就喜欢研究事物的原理。）但在谈论宏观道理时，就显得直截了当、义理单薄。（言辞直中目标，就会缺少义理。）性情善于思辨的人，辞令丰富而心意急切，（心意急切，不希望自己退让、受挫。）所以他在处理人际关系时，见识深微、道理深刻，（思维敏锐，说话就能深刻透彻。）但在遇到大义原则时，却恢廓直率、考虑不周。（关注微小的道理，就会遗漏大的道义。）性情浮躁不沉稳的人，难以冷静地思考问题，（用心大而空，不追求深刻和密实。）所以他在处理亲疏远近的关系时，就很豁达而范围广大；（性情浮躁，志向就不远大。）但在确立事物的关键时，就摇摆不定。（性情空泛，就疏忽了道理。）肤浅理解问题的人，不能深刻地问难，（看问题浅显，思考不深刻成熟。）所以他在听别人辩说自己的观点时，会觉得得到了剑刃一样的锋利之词而心怀喜悦；（思考不深入，就容易满足。）但在审视精深的道理时，就会颠三倒四、没有重点。（容易满足，所以没有重点。）性情宽宏宽容的人，不能迅速敏捷地思考，（用心徐缓，思考就不迅速敏捷。）所以他在论说大义时，显得宽宏和顺、高尚文雅；（性情宽容，道理就很端正。）但在面对具体事物时，却因动作迟缓而落后。（生性徐雅，所以迟缓。）性情温和柔顺的人，没有强大的气势，（用心温和柔润，不以取悦别人为美。）所以他在体味事物的道理时，会显得顺心适意、平和顺畅；（性情温和，道理就会顺畅。）但在决断疑难问题时，却会懦弱无力、犹豫不决。（性情顺畅，所以犹豫不决。）喜好奇异的人，纵横奔放追求新奇，（用心奇特，希望自己与众不同。）所以他在以权术制造阴谋时，显得不同寻常而瑰丽雄壮；（生性奇特，所以崇尚瑰丽。）但在按清静无为之道做事时，就显得违反常规而不切实际。（奇异脱俗，所以不切实际。）这些就是所说的性情的九种偏颇，都是将自己心中认为对的东西作为做事的道理。（把自己心中认为对的东西作为做事的道理，就会导致是非难辨、永无休止。）

【原文】

若乃性不精畅，则流有七似。有漫谈陈说，似有流行者。（浮漫流雅似若可行。）有理少多端，似若博意者。（辞繁喻博，似若弘广。）有回说合意，似若赞解者。（外佯称善，内实不知。）有处后持长，从众所安，似能听断者。（实自无知而不言，观察众谈，赞其所安。）有避难不应，似若有余，而实不知者。（实不能知而佯不应，似有所知而不答者。）有慕通口解，似悦而不怿者。（闻言即说，有似于解者，心中漫漫不能悟。）有因胜情失，穷而称妙，（辞已穷矣，自以为妙而未尽。）跌则掎蹠[①]，（理已跌矣，而强牵据。）实求两解，似理不可屈者。（辞穷理屈，心乐两解而言犹不止，听者谓之未屈。）凡此七似，众人之所惑也。（非明镜焉能鉴之？）

【注释】

①掎蹠（jǐ zhí）：勉强坚持以为依据。蹠，同“跖”。

【译文】

至于性情不精纯畅达的人，就会产生七种似是而非的表现。有的人大谈特谈陈旧的学说，就像他说的是时下盛行的学说。（内在肤浅散漫但外表文雅，看起来好像可行。）有的人道理不充分但涉及广博，就像他说的是含义宏达广博的观点。（旁征博引，看起来好像很宏大广博。）有的人喜欢附和别人的观点进行回复，表面上称赞别人的观点，其实对此并不理解。（表面假装称赞别人的观点，其实内心根本没听懂。）有的人喜欢在别人发表观点后表示赞许，顺从众人觉得可靠的观点，好像能判断是非。（其实是自己无知所以不发表观点，观察众人的言论，称赞众人觉得可靠的观点。）有的人避开疑难问题不回答，好像已经有应对之策，其实根本不知道如何应对。（实在是因为不知道该如何应对，所以假装不搭理，就像那些心里知道答案却不回答的人。）有的人仿效那些精通道理的人马上说出自己的观点，好像因明白其中道理而面露喜色，其实内心并不明白。（听到别人的观点就立即回应，像是自己明白其中的道理一样，其实心里根本不明白。）有的人因为追求论辩中的取胜而失去常情，理屈词穷还自以为妙，（理屈词穷，还自以为妙而未尽。）理屈词穷还要勉强坚持以为依据，（理屈词穷，却还牵强附会。）其实心里想着与对方和解，但看起来像不甘心理屈词穷的样子。（理屈词穷，心里希望双方和解还继续争辩，听的人就觉得他还没有屈服。）大凡上面这七种似是而非的表现，正是让众人迷惑分辨不清的地方。（不是心如明镜的人怎能鉴别这些表现呢？）

【原文】

夫辩有理胜，（理至不可动。）有辞胜。（辞巧不可屈。）理胜者，正白黑以广论，释微妙而通之。（说事分明，有如粉黛朗然区别，辞不溃杂。）辞胜者，破正理以求异，求异则正失矣。（以白马非白马，一朝而服千人，及其至关，必赋直而后过也。）夫九偏之材，有同、有反、有杂。同则相解，（譬水流于水。）反则相非，（犹火灭于水。）杂则相恢。（亦不必同，又不必异，所以恢达。）故善接论者，度所长而论之。（因其所能，则其言易晓。）历之不动，则不说也，（彼意在狗，马俟[①]他日。）傍无听达，则不难也。（凡相难讲，为达者听。）不善接论者，说之以杂反。（彼意在狗而说以马，彼意大同而说以小异。）说之以杂反，则不入矣。（以方入圆，理终不可。）善喻者，以一言明数事。（辞附于理，则言寡而事明。）不善喻者，百言不明一意。（辞远乎理，虽泛滥多言，己不自明，况他人乎！）百言不明一意，则不听也。（自意不明谁听之？）是说之三失也。

【注释】

①俟（sì）：等，等待。

【译文】

辩论有凭道理获胜的，（最深的道理不可动摇。）有凭言辞获胜的。（言辞巧妙不能说服。）凭道理获胜的人，辨别黑白是非以便让自己的观点得到推广，解释深微奥妙的道理以便让别人通晓明白。（论说事物层次分明，就像粉黛那样黑白分明，言辞不含糊。）凭言辞获胜的人，打破正理以追求奇特的理论，追求奇特的理论就丧失了正理。（用白马非马的理论，一下子让数千人信服，但等到白马到达关口时，还是必须按马的标准缴纳关税才能过关。）在九种偏才之中，性情有的相同，有的相反，有的掺杂。性情相同彼此的观点就会相互融合，（就像一条河流入另一条河。）性情相反彼此的观点就会相互抵触，（就像火被水熄灭一样。）性情掺杂的彼此的观点就容易兼容。（也不追求彼此观点相同，也不追求彼此观点不同，所以宽宏旷达。）所以善于和他人交谈的人，会揣摩对方擅长的领域来交谈。（因为是对方擅长的领域，所以你的话容易让对方明白。）如果你的观点没有打动对方，就不说了。（他想听的是狗，马还是另外再说吧。）旁边的听者没有道理通达的人，就不要提出问题诘难对方了。（凡是要提出非难，都是说给道理通达的人听的。）不善于和他人交谈的人，用论点混杂相反的观点去和他人交谈。（他想听的是狗，你却给他说马，他追求大同你却论说小异。）用论点混杂相反的观点去和他人交谈，就无法和别人的想法融合。（用方形去塞进圆形，道理上是行不通的。）善于开导对方的人，可以用一句话去阐述很多道理。（让道理为言辞服务，寥寥数语却阐明了道理。）不善于开导对方的人，讲一百句话也阐述不清楚一个道理。（言辞脱离了道理，即使说得再多，自己都不明白，何况他人呢！）讲一百句话都阐述不清楚一个道理，自然就没人愿意听了。（自己都不明白，谁还愿意听呢？）这就是辩论的三种失误。

【原文】

善难者，务释事本。（每得理而止住。）不善难者，舍本而理末。（逐其言而接之。）舍本而理末，则辞构矣。（不寻其本理，而以烦辞相文。）善攻强者，下其盛锐，（对家强梁始气必盛，故善攻强者避其初鼓也。）扶其本指[1]，以渐攻之。（三鼓气胜衰则攻易。）不善攻强者，引其误辞，以挫其锐意。（强者意锐，辞或暂误。击误挫锐，理之难也。）挫其锐意，则气构矣。（非徒群言交错，遂至动其声色。）善蹑[2]失者，指其所跌。（彼有跌失，暂指不逼。）不善蹑失者，因屈而抵其性。（陵[3]其屈跌，而抵挫之。）因屈而抵其性，则怨构矣。（非徒声色而已，怨恨逆结于心。）或常所思求，久乃得之。仓卒谕人，人不速知，则以为难谕。（己自久思而不恕人。）以为难谕，则忿构矣。（非徒怨恨，遂生忿争。）夫盛难之时，其误难迫。（气盛辞误，且当避之。）故善难者，征之使还。（气折意还，自相应接。）不善难者，凌而激之，虽欲顾藉，其势无由。（弃误顾藉，不听其言。）其势无由，则妄构矣。（妄言非訾[4]，纵横恣口。）凡人心有所思，则耳且不能听。（思心一至，不闻雷霆。）是故并思俱说，竞相制止，欲人之听己，（止他人之言，欲使听己。）人亦以其方思之故，不了己意，则以为不解。（非不解也，当己出言，由彼方思，故人不解。）人情莫不讳不解，（谓其不解，则性讳怒。）讳不解，则怒构矣。（不顾道理是非，于其凶怒忿肆。）凡此六构，变之所由兴矣。

【注释】

①指：同“旨”，意旨。

②蹑：同“摄”，提起，拿住。

③陵：同“凌”，欺凌。

④非訾（zī）：诽谤，非议，诋毁。非：同“诽”，诽谤。

【译文】

善于辩驳的人，致力于抓住事物的根本。（总是阐明道理就止住了。）不善于辩驳的人，舍弃事物的根本而注意细枝末节的东西。（顺着对方的话来论说。）舍弃事物的根本而注意细枝末节的东西，就会废话连篇。（不探寻事物的根本道理而用文辞来修饰自己冗烦的废话。）善于战胜强大对手的人，先要挫伤对方的盛锐之气，（对手强大最初的气势必定盛锐，所以善于战胜强大对手的人都避开其最初的咄咄锋芒。）然后顺着对方辩论的主旨，从而逐渐击破。（再而衰三而竭，气势衰弱后就容易攻破了。）不善于战胜强大对手的人，喜欢抓住对方言辞上的失误，想以此来挫败对方的锐气。（强势的人意气旺盛，有时在言辞会出现失误。通过攻击失误的言辞来挫伤他的锐气，道理上是行不通的。）用这样的方法去挫伤其锐气，只会让对方愤怒。（从最初的语气尖锐，逐渐到声色俱厉。）善于抓住对方失误的人，会指出对方失误的地方。（对方有失误的地方，自己暂时指出来，但不去进逼对方。）不善于抓住对方失误的人，企图攻击对方的失误来挫伤对方。（攻击对方的失误之处，让对方受挫。）趁对方失误的时候挫伤对方，会使对方心怀怨恨。（就不只是声色俱厉而已，而是心怀怨恨。）有的人常常思考谋求道理，很久才有所发现。于是他就迫不及待地告诉别人这个道理，人们不能马上理解，他就认为别人难以理喻。（自己深思熟虑，却不给别人同样的包容。）觉得别人难以理喻，彼此间的忿恨就产生了。（不只是滋生怨恨，还滋生愤恨争斗。）当对方因为气盛而在言辞上有所失误时，不要进逼对方的失误。（当对方因为气盛而言辞失误时，辩论时最好回避对方的失误。）所以善于辩驳的人，会指出对方的失误让其能有所挽回。（对方挽回了失误意气平和，自然会正常交流。）不善于辩驳的人，会借机欺凌激怒对方，即使对方顾惜自己的面子，也无法挽回。（不允许其改正失误挽回面子，自然就无法正常交流。）无法挽回失误，就会胡言乱语，恣意诋毁。（胡言乱语诽谤别人，恣意诋毁别人。）人们在思考问题的时候，往往很难听进别人的言论，（专心思考，即使打雷也听不见。）所以在对方思考的时候辩说，相互制止对方说话，想要对方听自己说话，（制止别人说话，想要使别人听自己说话。）别人也会因为对方正思考的缘故，不了解自己的意思，就觉得对方无法理解。（不是不理解，当自己说话时，因为对方正在思考，所以没听进去。）人们都忌讳别人说自己无法理解，（一说别人无法理解，就触犯了忌讳使别人发怒。）一旦触犯说别人无法理解的忌讳，就会激发别人的怒火。（不顾道理是非，于是肆无忌惮地发泄怒火。）以上这六种辩驳的情况，谈话中的纠纷便由此而生了。

【原文】

然虽有变构，犹有所得。（造事立义，当须理定。故虽有变说小故，终于理定功立。）若说而不难，各陈所见，则莫知所由矣。（人人竞说，若不难质，则不知何者可用也。）由此论之，谈而定理者，眇[①]矣。（理多端，人情异。故发言盈庭，莫肯执其咎。）必也聪能听序，（登高能赋，作器能铭，如颜回听哭[②]，苍舒[③]量象。）思能造端，（子展[④]谋侵晋，乃得诸侯之盟。）明能见机，（臾骈[⑤]睹目动，即知秦师退。）辞能辩意，（伊藉[⑥]答吴王：“一拜一起，未足为劳。”）捷能摄失，（郭淮答魏帝曰：“自知必免防风之诛。”）守能待攻，（墨子[⑦]谓楚人：“吾弟子已待之于宋。”）攻能夺守，（毛遂[⑧]进曰：“今日从为楚，不为赵也。”楚王从而谢之。）夺能易予。（以子之矛掩子之盾，则物主辞穷。）兼此八者，然后乃能通于天下之理。通于天下之理，则能通人矣。不能兼有八美，适有一能，（所谓偏材之人。）则所达者偏，而所有异目矣。（各以所通而立其名。）

【注释】

①眇（miǎo）：最初指瞎了一只眼，后亦指两眼俱瞎，此处指眼盲。

②颜回听哭：颜回是孔子的得意门生。孔子在卫国天不亮就起床读书，颜回陪伴在其身边，听见有人在十分哀痛地哭泣。孔子问他知道别人为什么哭泣吗？颜回回答说对方的哭声不仅是因为死别，还因为生别。孔子问他怎么知道？颜回回答说这哭声像桓山之鸟送别成年的孩子一样哀痛。孔子派人问哭泣的人，果然是因为其父亲去世，但家里太穷没钱埋葬，只好卖掉孩子来葬父。于是孔子称赞颜回善于鉴别声音。

③苍舒：曹操的第七子曹冲，字苍舒，聪明过人，深受曹操喜爱，但早卒。孙权曾送给曹操一头大象，曹操想要知道大象的重量，曹冲就出主意让大象站在船上，在船上刻录吃水深度，再在船上装载同样重量的货物，就得出了大象的重量。

④子展：春秋郑国大夫，主张背弃与晋国的盟约，使郑国与楚国结盟成功。

⑤臾骈：春秋时期晋国的上军佐，曾随赵盾率大军拒秦军于河曲，从前来宣战的秦使说话时眼珠转动、声音反常的样子，判断秦军打算撤离。

⑥伊藉：三国时期蜀汉官员伊藉，字机伯，思维敏捷，善于随机应变。有一次，刘备派遣伊藉出使东吴，吴主孙权听说伊藉很有辩才，想用言辞挫败他。伊藉刚进殿入拜行礼，孙权对他说："你侍奉无道之君很辛苦吧。"伊藉当即回答："一拜一起，谈不上什么辛苦。"

⑦墨子：墨家学派创始人墨翟（dí），春秋末期战国初期宋国人，少年时学过木工，据说他制作守城器械的本领比公输盘还要高明，在楚国借助公输盘制造的云梯之械要攻打宋国时，连夜从齐国赶到楚国见公输盘，与公输般进行了九次攻防演练都获胜，充分展现了他在防守城池方面的高超能力，也让楚国打消了攻打宋国的念头。

⑧毛遂：战国时期赵国人，是赵公子平原君赵胜的门客，因自荐出使楚国，促成楚、赵合纵而声威大振，并获得了“三寸之舌，强于百万之师”的美誉。

【译文】

然而虽然辩论中有各种情绪变化导致的构怨，还是要凭借道理来获胜。（做成事情确定观点，终究还是要依据道理。所以虽然有小的变故，最终还是根据道理获得成功。）如果只是论说而不反复诘问驳辩疑难问题，各自讲述自己的观点，就不知道该听从哪种观点了。（人们都在争相述说自己的观点，如果不对事物的本质进行问难，就不知道哪些观点是有用的。）由此来说，泛泛而谈就确定的道理，是盲目的。（道理繁多，人情各异。所以发言的人到处都是，却没有人肯指出其谬误之处。）必须耳聪能听清声音大小的差别，（登上高山能作赋，铸造器物能铭文，就像颜回能听出哭声的差别，曹冲能开动脑筋称量大象。）思考深远能追溯到事物的开端，（子展主张背弃晋国，所以获得了与楚国结盟的结果。）眼光敏锐能看到事物变化的先兆，（臾骈观察秦国使者的眼神，就知道秦国军队要退却了。）言辞巧妙能表达心中的想法，（伊藉回答吴王孙权说：“一拜一起，算不上劳苦。”）行动敏捷能弥补自己的失误，（郭淮回答魏文帝说：“我知道自己不会被您像禹诛杀防风那样杀掉。”）防守严密能抵挡强敌的进攻，（墨子对楚王说：“我的弟子已经拿着我发明的防御工具在宋国严阵以待楚军到来了。”）进攻凌厉能够战胜严密的防守，（毛遂向楚王进谏说：“今日楚赵结盟，是为楚国着想，而不是为赵国着想。”楚王接受了毛遂的谏言并表示感谢。）争夺巧妙能用对方的弱点制服对方。（用你的矛刺你的盾，夸耀自己的矛利盾坚的人就无话可说了。）同时具备这八种能力，然后就能通晓明白世间的道理。通晓明白世间所有的道理，就能够对人有透彻的了解。不能同时具备八种才能，而只具备其中一种才能，（就是所谓的偏才之人。）所获得的成就是偏颇的，而且是各自以自己的偏才建立自己的名声的。（各自用自己的长处建立自己的名声。）

【原文】

是故聪能听序，谓之名物之材。思能造端，谓之构架之材。明能见机，谓之达识之材。辞能辩意，谓之赡给之材。捷能摄失，谓之权捷之材。守能待攻，谓之持论之材。攻能夺守，谓之推彻之材。夺能易予，谓之贸说之材。通材之人，既兼此八材，行之以道。与通人言，则同解而心喻。（同即相是，是以心相喻。）与众人言，则察色而顺性。（下有盛色，避其所短。）虽明包众理，不以尚[1]人。（恒怀谦下，故处物上。）聪睿资给，不以先人。（常怀退后，故在物先。）善言出己，理足则止。（通理则止，不务烦辞。）鄙误在人，过而不迫。（见人过跌，辄当历避。）写人之所怀，扶人之所能。（扶赞人之所能，则人人自任矣。）不以事类犯人之所婟[2]，（胡故反。与盲人言不讳眇瞎之类。）不以言例及己之所长。（己有武力，不举虓虎[3]之伦。）说直说变，无所畏恶。（通材平释，信而后谏，虽触龙鳞，物无害者。）采虫声之善音，（不以声丑，弃其善曲。）赞愚人之偶得。（不以人愚废其嘉言。）夺与有宜，去就不留。方其盛气，折谢不吝。（历避锐跌，不惜屈挠。）方其胜难，胜而不矜。（理自胜耳，何所矜也。）心平志谕，无适无莫，（付是非于道理，不贪胜于求名。）期于得道而已矣。是可与论经世而理物也。（旷然无怀，委之至当，是以世务自经，万物自理。）

【注释】

①尚：同“上”。

②媢(hù)：古同“嫭”，忌恨，嫉恨。

③虓(xiāo)虎：本指咆哮的老虎，多形容将领作战勇猛，此处指勇猛英武。

【译文】

所以耳聪能听出声音大小高低差别的人，就是名物之才。思考深远能追溯事物开端的人，就是构架之才。眼光敏锐能看到事物变化先兆的人，就是达识之才。辞令丰富能表达心中所想的人，就是赡给之才。行动快捷能弥补自己失误的人，就是权捷之才。放手严密能抵挡强大对手进攻的人，就是持论之才。善于进攻能够攻克对方的人，就是推彻之才。善于以其人之道还治其人之身的人，就是贸说之才。通才之人，就是同时拥有这八种才能，并遵循自然之道来运用。他们与通才之人交谈，就能相互理解心里明白。(相同就是相互肯定，就是心灵相通。)他们与普通人交谈，就会察言观色而随着对方的意思来说。(对方声色俱厉，就避开其短处来说。)虽然他们明白并掌握了很多道理，也并不因此而显得高人一等。(总是心怀谦让之心，所以能站在上风。)聪明睿智富有天资的人，从不因此居于人前。(常常心怀退让之心，所以能走在人前。)多说善言美语，道理点明即可。(道理阐明即可，不要废话连篇。)别人如果出现了低级错误，指出来但不去强迫其改正。(发现别人的过错失误，应当尽量回避。)言语中多替别人抒发感想，帮别人发挥才能。(赞扬别人的优点，那么人人都会有自信。)不用类似的事去触犯别人的忌讳，引起别人的嫉恨，(媢，故胡切。比如与盲人交谈时不避讳眇、瞎这样的字眼。）不要列举涉及自己长处的例子。（自己雄武有力，就不举骁勇的例子。）无论是劝说正直刚毅的人还是权变诡诈的人，都无所畏惧无所厌恶。（通才之人评论事物阐释观点，先讲“信”然后劝谏，即使冒犯了君王，也不会受到危害。）从鸣虫的叫声中获得美的声音，（不因为其声音难听，就舍弃好听的曲调。）赞许愚笨之人的偶然发现。（不因其愚钝就不采纳其好的建议。）获得和给予都恰到好处，离开或留下都毫不迟疑。在别人气势旺盛的时候，也乐于弯腰屈从。（为了避免在对方旺盛的气势下受挫，不惜弯腰屈从。）当他战胜对手的时候，也能做到胜而不骄。（有道理自然会获胜，有什么值得骄傲的呢？）心气平和志向明确，不去规定该如何不该如何，（让道理去阐明是非，不为了虚名去追求获胜。）只是希望获得事物的道理而已。这种人就可以与他谈论治理国事、管理民众的道理了。（心胸宽广，无所欲求，将其放在最适当的位置，就能使世间各种事物变得井然有序。）

材能第五

（材能大小，其准不同。量力而任，所任乃济。）

【题解】

材能，是指人才和能力的关系。人才各不相同，是因为他们的能力各不相同；人才的能力有大有小，是因为他们的智力有高有低。如何把能力各不相同、能力大小不一的人才放在合适的位置上，充分发挥他们的能力，从而使国家得到有效的治理，就是当政者最主要的职责。

【原文】

或曰："人材有能大而不能小，犹函牛之鼎不可以烹鸡。"愚以为此非名也。（夫人材犹器，大小异，或者以大鼎不能烹鸡，喻大材不能治小，失其名也。）夫能之为言，已定之称。（先有定质，而后能名生焉。）岂有能大而不能小乎？凡所谓能大而不能小，其语出于性有宽急。（宽者弘裕，急者急切。）性有宽急，故宜有大小。（宽弘宜治大，急切宜治小。）宽弘之人，宜为郡国，使下得施其功，而总成其事。（急切则烦碎，事不成。）急小之人，宜理百里，使事办于己。（弘裕则网漏，庶事荒矣。）然则郡之与县，异体之大小者也。（明能治大郡则能治小郡，能治大县亦能治小县。）以实理宽急论辨之，则当言大小异宜，不当言能大不能小也。（若能大而不能小，仲尼岂①不为季氏臣？）若夫鸡之与牛，亦异体之小大也，（鼎能烹牛亦能烹鸡，铫②能烹鸡不能烹犊。）故鼎亦宜有大小。若以

人物志

烹犊，则岂不能烹鸡乎？（但有宜与不宜，岂有能与不能？）故能治大郡，则亦能治小郡矣。推此论之，人材各有所宜，非独大小之谓也。（文者理百官，武者治军旅。）

【注释】

①岂：同"其"，表示推测。

②铫（diào）：煮开水熬东西用的器具，一种小锅。

【译文】

有人说："人的才能能大用就不能小用，就像能容纳一头牛的鼎不能用来煮鸡一样。"我个人认为这种说法不对。（人的才能就像器皿一样，有大小的差别，有人用大鼎不能煮鸡，来比喻有大才能的人不能管理小的事情，就失去才能的本义了。）才能成为一个词，已经有固定的名称了。（先有固定的性质，而后才能产生名分。）怎么会有才能能大用而不能小用的呢？凡是所谓的才能可大用不可小用的说法，都是从人的性情有宽缓急躁来说的。（性情宽缓的人和缓宽容，性情急躁的人急切。）人的性情有宽缓和急躁之分，所以适合做的事情也有大小之分。（性情宽缓的适合做大事，性情急切的人适合做小事。）性情宽缓的人，适宜治理郡国，让下属得以施展自己的才能，而自己总揽全局使郡国国泰民安。（性情急躁就会关注烦琐细碎的事，就做不好事情。）性情急躁的人，适宜治理一个县，让任何事物都能亲善亲为。（性情宽缓就会有所遗漏，就容易荒废一些细小之事。）。然而郡国和县邑相比，只是区域的大小不同而已。（很明显，能治理大的郡国就能治理小的郡国，能治理大的县邑就能治理小的县邑。）从实际治理范围的大小和性情的宽缓急躁来说，就应当说适宜治理地方大小的差别，不应当说能治理大地方的人不能治理小地方。(如果人的才能大用不能小用，孔子岂不是不能给季氏当家臣?)至于鸡和牛的关系，也只是体积大小的差别而已，(大鼎能煮牛也能煮鸡，铫能煮鸡也能煮牛。)所以鼎也应当有大小之分。如果拿鼎来煮牛，难道就不能拿来煮鸡了吗?(只有适不适合，哪里有能不能?)所以能治理大郡国的人，也能治理小郡国。由此可见，每个人才都有合适的位置，不能只用才能的大小去概括。(善文者治理官员，善武者治理军队。)

【原文】

夫人材不同，能各有异。有自任之能，(修己洁身，总御百官。)有立法使人从之之能，(法悬人惧，无敢犯也。)有消息辨护之能，(智意辨护，周旋得节。)有德教师人之能，(道术深明，动为物教。)有行事使人谴让之能，(云为得理，义和于时。)有司察[①]纠摘之能，(督察是非，无不区别。)有权奇之能，(务以奇计，成事立功。)有威猛之能。(猛毅昭著，振威敌国。)

【注释】

①司察：督察。司，通“伺”。

【译文】

人才的类型各不相同，人的才能也有所差别。有的人有自我修养、洁身自好的才能，(自我修养、洁身自好，统御百官。)有的人有建立法度使人服从的才能，(法律高悬众人畏惧，不敢触犯。)有的人有在变化中周旋自如、用权谋智慧治理修护政事的才能，(智谋权术治理修护政事，顺应变化周旋自如。)有的人有用德行教化让众人效法的才能，(策略高深聪明，很好地教化众人。）有的人有充任使节对别国进行谴责的才能，（说话有理有据，符合当时的道义。）有的人有督察是非、检举揭发的才能，（督察是非，对所有事进行区别。）有的人有用奇谋妙计建功立业的才能，（追求奇谋妙计，建功立业。）有的人有威武勇猛震慑敌国的才能。（以勇猛刚毅著称，威武的气势可震慑敌国。）

【原文】

夫能出于材，材不同量。材能既殊，任政亦异。是故自任之能，清节之材也。故在朝也，则冢宰之任，为国则矫直之政。（其身正，故掌天官而总百揆[①]。）立法之能，治家之材也。故在朝也，则司寇之任，为国则公正之政。（法无私，故掌秋官而诘奸暴。）计策之能，术家之材也。故在朝也，则三孤之任，为国则变化之政。（计虑明，故辅三槐而助论道。）人事之能，智意之材也。故在朝也，则冢宰之佐，为国则谐合之政。（智意审，故佐天官而谐内外。）行事之能，谴让之材也。故在朝也，则司寇之佐，为国则督责之政。（辨众事，故佐秋官而督傲慢。）权奇之能，伎俩之材也。故在朝也，则司空之任，为国则艺事之政。（伎俩巧，故任冬官而成艺事。）司察之能，臧否之材也。故在朝也，则师氏之佐，为国则刻削之政。（是非章，故佐师氏而察善否。）威猛之能，豪杰之材也。故在朝也，则将帅之任，为国则严厉之政。（体果毅，故总六师[②]而振威武。）

【注释】

①百揆（kuí）：本为商周以前的一个官名，后指百官及天下各种政务。

②六师：本指周天子所统六军之师，后泛指国家军队。

【译文】

人的能力来自于才智，才智又有大小之分。人的才能既然有大小之分，其所承担的国家政事也就有所不同。所以具备自我修行洁身自好才能的人，是清节家之才。所以他在朝廷为官，就能担任家宰的职务；治理国家，就能施行矫正邪僻提倡正直的政治。（身正，所以能担任冢宰治理国家。）具有建立法度使人遵守才能的人，是法家之才。所以他在朝廷为官，就会担任司寇的职务；治理国家，就能施行公正无私的政治。（制定公正无私的法度，所以能担任司寇铲除奸邪强暴。）具有谋划奇谋妙计才能的人，是术家之才。所以他在朝廷为官，就会担任三孤的职位；治理国家，就能施行灵活顺势的政治。（计策巧妙，思虑高明，所以能担任宰相的副手帮助宰相讨论治国之道。）具有通晓人情事理才能的人，是智意之才。所以他在朝廷为官，就会担任冢宰的副手；治理国家就能施行和谐融洽的政治。（懂得权谋，所以辅佐宰相和谐朝廷内外。）具有使节才能的人，是谴让之才。所以他在朝廷为官，就会担任司寇的副手；治理国家，就能施行督察问责的政治。（能办众事，所以辅佐司寇督察怠慢政事的官员。）具有奇思妙想才能的人，是伎俩之才。所以他在朝廷为官，就会担任司空的职位；治理国家，就能施行推崇技艺的政治。（技艺精巧，所以担任司空负责艺术工作。）具有监察检举才能的人，是臧否之才。所以他在朝廷为官，就会担任师氏的副手；治理国家，就能施行苛刻严酷的政治。（是非彰显，所以辅佐师氏检查善恶。）具有威武勇猛才能的人，是豪杰之才。所以他在朝廷为官，就会担任将帅的职位；治理国家，就能施行严肃厉害的政治。（行事果断，性情刚毅，所以统率国家军队而振扬国威。）

【原文】

凡偏材之人，皆一味之美。（譬饴以甘为名，酒以苦为实。）故长于办一官，（弓工揉材，而有余力。）而短于为一国。（兼掌陶冶，器不成矣。）何者？夫一官之任，以一味协五味。（盐人调盐，醯人调醯[①]，则五味成矣。譬梓里治材，土官治墙，则厦屋成。）一国之政，以无味和五味。（水以无味，故五味得其和。犹君体平淡，则百官施其用。）又国有俗化，民有剧易，（五方不同，风俗各异，土有刚柔，民有剧易。）而人材不同，故政有得失。（以简治易则得，治烦则失。）是以王化之政宜于统大，（易简而天下之理得矣。）以之治小，则迂。（网疏而吞舟之奸漏。）辨护之政宜于治烦，（事皆辨护，烦乱乃理。）以之治易，则无易。（甚于督促，民不便也。）策术之政，宜于治难，（权略无方，解释患难。）以之治平，则无奇。（术数烦众，民不安矣。）矫抗之政，宜于治侈，（矫枉过正，以厉侈靡。）以之治弊，则残。（俗弊治严，则民残矣。）谐和之政宜于治新，（国新礼杀，苟合而已。）以之治旧，则虚。（苟合之教，非礼实也。）公刻之政宜于纠奸，（刻削不深，奸乱不止。）以之治边，则失众。（众民惮法，易逃叛矣。）威猛之政宜于讨乱，（乱民桀逆，非威不服。）以之治善，则暴。（政猛民残，滥良善矣。）伎俩之政宜于治富，（以国强民，以使富饶。）以之治贫，则劳而下困。（易货改铸，民失业矣。）故量[②]能授官，不可不审也。凡此之能，皆偏材之人也。故或能言而不能行，或能行而不能言。（智胜则能言，材胜则能行。）至于国体之人，能言能行，故为众材之隽也。

【注释】

①醯（xī）：醋。

②量（liáng）：估量，衡量。

【译文】

所有偏才之人，都是只有一种特长。（就像糖以甜著称，酒的实质是苦。）所以偏才在担任一个具体职位上能够发挥自己的长处，（制造弓箭的木匠处理木材就游刃有余。）而担任治理国家的重任上就会显出种种不足。（还要兼顾制作陶器就不行了。）为什么呢？偏才担任一个具体的职位时，是大家各司其职合力获得治国的成就。（制盐的人调制咸味，制醋的人调制酸味，就能调成五味。就像木工处理木材，土工建造城墙，就能建成房屋。）而担任治理国家的重任，就要求能用具有普遍意义的方法来调动百官的能动性。（因水没有味道，所以能调和五味。就像君主平和淡然，百官就能各自竭尽所能施展才华。）再者一个国家的习俗教化各不相同，百姓的性情有激烈平和之分，（五方不同，风俗各不相同，土地有刚柔之分，民众也有激烈平和之别。）而人的才能不同，所以用他们执政也各有得失。（用简单治理平易就会成功，用简单治理繁杂就会失败。）所以实行用王道教化政治的人，适合统理国家大政，（平易简约就获得天下至高的道理。）用他们治理小事，就会不合时宜，不切实际。（法网疏漏就会漏掉奸诈狡猾之徒。）实行用智谋权术治理修护政事的人，适合治理纷乱，（所有事物都得到治理，所有繁杂凌乱的事都被理顺。）让他们治理安定局面，就会失去安定。（过于严厉地督促民众，让民众觉得不便。）实行权术谋略政治的人，适合治理危难局面，（想方设法施展权谋，能排除祸患解除灾难。）让他们治理常态局面，就不会有奇异的效果。实行与众不同政治的人，适合治理奢侈的风气，（用严谨的手段进行整饬，严厉约束奢侈之风。）让他们治理民俗的弊病，则会让百姓饱受摧残。（过于严厉地矫正民俗弊病，所以让百姓受到摧残。）实行谐和政治的人，适合治理新创立的局面，（国家初建礼制不健全，只是凑合而已。）让他们治理旧局面，则会导致虚假不实。（凑合建立的礼仪教化，不是真正的礼仪。）实行公正苛刻政治的人，适合纠察奸佞狡诈，（不够严酷，就止不住奸邪叛乱之事。）让他们治理边境地区，就会导致百姓逃亡。（百姓害怕其法度，容易逃跑叛变。）实行威慑刚猛政治的人，适合讨伐叛乱，（叛乱的民众凶暴忤逆，不威武严厉就不能让其顺服。）让他们治理善良的百姓，就会残暴不仁。（施政猛烈摧残百姓，对善良的百姓枉法滥施。）实行推崇技艺政治的人，适合治理富足的地区，（用技艺让国家富强，人民富裕。）让他们治理贫瘠的地区，就会徒劳无功让百姓困苦不堪。（改变货币，让民众失去生计。）所以应当根据一个人的才能来授官，不能不慎重考虑。具有以上种种才能的人，都是偏才之人。所以有的人能说不能做，有的人能做不能说。（聪明过人就善于说，才能过人就善于做。）至于兼备多种才能的国家栋梁之才，又能说又能做，所以是众多人才中出类拔萃的人才。

【原文】

人君之能，异于此。（平淡无为，以任众能。）故臣以自任为能，（竭力致功，以取爵位。）君以用人为能。（任贤使能，国家自理。）臣以能言为能，（各言其能，而受其官。）君以能听为能。（听言观行，而授其官。）臣以能行为能，（必行其所言。）君以能赏罚为能。（必当其功过也。）所能不同，（君无为而臣有事。）故能君众材也。（若君[①]以有为代大匠斲[②]，则众能失巧功不成矣。）

【注释】

①君：统率，驾驭。

②斲（zhuó）：同“斫”，砍，削。

【译文】

君主的才能，和以上说的这些不同。（君主平和淡然无为，以便激励百官尽情施展才能。）所以臣子把恪尽职守、建功立业当作自己的才能，（竭尽全力建功立业，以便获取爵位。）君主把选贤任能当作自己的才能。（任用贤能之士，让百官治理国家。）臣子把善于表明自己的才能当作自己的才能，（各自表明自己的才能，从而担任相应的官职。）君王把善于倾听臣子的进谏当作自己的才能。（倾听臣子的言辞，观察臣子的行动，而授予其合适的官职。）臣子把能干实事当作自己的才能，（说到做到。）君王把赏罚分明当作自己的才能。（必定会恰当地给予臣子奖罚。）君王和臣子所具备的才能各不相同，（君主无为而治，而臣子尽心做事。）所以君主能统御各类人才。（如果君主有为而治，像木匠那样挥斧砍削树木，各种人才就失去了施展才能的机会，也就不能建功立业了。）

利害第六

（建法陈术，以利国家。及其弊也，害归于己。）

【题解】

利害，是指清节家、法家、术家、智意家、臧否家、伎俩家等六类具体人才，在功业的流变过程中各自表现出的长处和短处。作者还同时分析了这六类具体人才被任用前的表现和被任用后的作用、他们各自进行的事业顺利程度以及所遇到的阻碍、他们的最终结果等，以便当政者能对任用不同人才的成效做到心中有数。

【原文】

盖人业之流，各有利害。（流渐失源，故利害生。）夫节清[①]之业，著于仪容，发于德行，（心清意正，则德仪外著。）未用而章，其道顺而有化。（德辉昭著，故不试而效。效理于人，故物无不化。）故其未达也，为众人之所进；（理顺则众人乐进之。）既达也，为上下之所敬。（德和理顺，谁能慢之？）其功足以激浊扬清，师范僚友。其为业也无弊而常显，（非徒不弊，存而有显。）故为世之所贵。（德信有常，人不能贱。）

【注释】

①节清：应为“清节”。

【译文】

各种人才功业的流变过程中，各有好的地方和不好的地方。

（人才功业的流变渐渐偏离本源，所以滋生出好的方面和不好的方面。）清节家的功业，表现在其行为举止上，来源于其自身的道德品行，（心意清净端正，内在的德行就会表现在行为举止上。）在他们未被任用之前这些道德品行就十分明显，他们的道德顺应人心因而具有教化功能。（高尚的德行众所周知，所以不被任用也有教化众人的效果。用有效的道理教化众人，所以没有不能被教化的事物。）所以在他们还没有显达的时候，就被大家所举荐；（顺应道理，大家自然乐于举荐。）他们显达之后，被上下所敬仰。（德和理顺，谁能轻视他呢？）他们的作用能够惩恶扬善，作为同僚友人的典范。他们所做的事业也没有弊病，反而功德显赫，（不但没有弊病，反而功德显赫。）所以他们受到世人的敬重。（拥有恩德与威信，人们不敢轻视。）

【原文】

法家之业，本于制度，待乎成功而效。（法以禁奸，奸止乃效。）其道前苦而后治，严而为众。（初布威严，是以劳苦。终以道化，是以民治。）故其未达也，为众人之所忌；（奸党乐乱，忌法者众。）已试也，为上下之所惮。（宪防肃然，内外振悚。）其功足以立法成治，（民不为非，治道乃成。）其弊也为群枉之所仇，（法行宠贵，终受其害。）其为业也，有敝[1]而不常用，（明君乃能用之强，明不继世，故法不常用。）故功大而不终。（是以商君[2]车裂，吴起[3]支解。）

【注释】

①敝：丢弃，废置，搁置。

②商君：战国时期的政治家、改革家、思想家，法家代表人物，卫国国君的后裔，姬姓公孙氏，故又称卫鞅、公孙鞅，因在河西之战中立功获封

商于十五邑，号为商君，故称之为商鞅。商鞅通过变法使秦国成为富裕强大的国家，史称“商鞅变法”，但最终因被公子虔诬陷谋反，战败死于彤地，其尸身被带回咸阳，处以车裂后示众。

③吴起：战国初期军事家、政治家、改革家，兵家代表人物，卫国左氏人，曾帮助鲁国击退齐国的入侵，帮助魏国屡次破秦，尽得秦国河西之地，成就魏文侯的霸业，在楚国主持改革，史称“吴起变法”，但在楚悼王去世后被楚国贵族趁机发动兵变杀死。

【译文】

法家的功业，是以建立国家的法律制度为根本，等到这些法律制度成功以后才能见到他的功效。（用法令禁止奸邪之事，奸邪之事没有了才算有效。）法家建立法律制度之初很艰苦，但法律制度建立后就能收获治理的效果，法家建立严厉的法律制度是为了管理民众。（刚开始发布严厉的法律制度时，是很艰苦的。最后用道理教化民众，就能长治久安。）所以在他们还没有显达的时候，就被大家所忌恨；（奸邪之党喜欢乱局，因此十分忌恨法家。）他们被任用以后，上下之人都畏惧他们。（法令严厉，让朝廷内外都震惊害怕。）法家的作用能够以建立法律制度成就国家的治理，（民不为非，治理一定能够成功。）法字的弊端是被众多不行正道之人所忌恨，（对宠臣贵族用法，最终会受到他们的迫害。）他们所做的事业，有时被搁置而不常被使用，（圣明的君主能使用他们的才干，但圣明的君主不是代代都有，因此法家不常得到任用。）所以他们的功劳往往很大却不能善终。（所以商鞅最后被车裂，吴起被肢解而死。）

【原文】

术家之业，出于聪明，待于谋得而章。（断于未行，人无信者，功成事效，而后乃章也。）其道先微而后著，精而且玄。（计谋微妙，其始至精，终始合符，是以道著。）其未达也，为众人之所不识。（谋在功前，众何由识？）其用也，为明主之所珍。（暗主昧然，岂能贵之？）其功足以运筹通变。（变以求通，故能成其功。）其退也，藏于隐微。（计出微密，是以不露。）其为业也，奇而希[1]用，（主计神奇，用之者希也。）故或沉微而不章。（世希能用，道何由章？）

【注释】

①希：同“稀”，稀少。

【译文】

术家的功业，是以聪明敏锐思虑深远为根本，等待这些谋略成功以后才能彰显出他们的作用。（在事情未发生之前作出推断，没有人相信，等到事情成功看到效果后他们的作用才得以彰显。）他们的思想体系是从隐微到显著的过程，精深而且玄妙。（计谋微妙，开始就十分精深，始终如一，所以能彰显其道。）在他们还没显达的时候，不被众人所认识。（在成功前施展计谋，大家怎么能认识他呢？）在他们发挥作用的时候，就受到英明君主的看重。（昏聩的君主愚昧无知，怎么可能看重他呢？）他们的作用能够运筹帷幄、通达变化。（用变化谋求通达，所以能成功。）他们隐退不出的时候，计谋和谋略便深藏不露。（谋划十分机密，所以自己的心思半点不露。）他们所做的事业，因为太神奇而很少有人能用。（计谋太过神奇，所以能用的人少。）所以有的人便深藏而不显露。（世上能任用他们的人很少，他们的这套方法怎么能彰显呢？）

【原文】

智意之业，本于原度，其道顺而不忤。（将顺时宜，何忤之有？）故其未达也，为众人之所容矣。（庶事不逆，善者来亲。）已达也，为宠爱之所嘉。（与众同和，内外美之。）其功足以赞明计虑，（媚顺于时，言计是信也。）其敝也，知进而不退，（不见忌害，是以慕进也。）或离正以自全。（用心多媚，故违于正。）其为业也，谞[①]而难持，（韬情谞智，非雅正之伦也。）故或先利而后害。（知进忘退，取悔之道。）

【注释】

①谞（xū）：才智，谋划。

【译文】

智意家的功业，是以追溯本源揣度变化为根本，他们的这套方法顺合时宜而不抵触时宜。（顺合时宜，怎么能抵触时宜呢？）所以在他们还没显达的时候，就已经被大家所接受。（所有事都不违逆，善良的人自然都来亲近。）当他们显达以后，又受到宠爱他们的人的喜爱。（与大家和谐相处，大家自然都喜欢他。）他们的作用能够帮助贤明的君主制订策略，（顺应时势，对君主言听计从。）他们的弊病，在于只知积极前进而不知适时引退，（不被人忌恨迫害，所以想要前进。）有的时候还为了保全自身而偏离正道。（把心思都放在取媚君主上，所以偏离正道。）他们所做的事业，是运用才智但难以保全自身，（藏匿真情，进献才智，不是方正之人该做的事。）所以有的人最初获利最终却招致祸害。（只知道前进而忘记后退，终将自食苦果。）

【原文】

臧否之业，本乎是非，其道廉而且砭。（清而不杂，砭去纤芥。）故其未达也，为众人之所识。（清洁不污，在幽而明。）已达也，为众人之所称。（业常明白，出则受誉。）其功足以变[①]察是非，（理清道洁，是非不乱。）其敝也，为诋诃[②]之所怨。（诋诃之徒，不乐闻过。）其为业也，峭而不裕[③]，（峭察于物，何能宽裕？）故或先得而后离众。（清亮为时所称，理峭为众所惮。）

【注释】

①变：同“辨”，辨别，辨明。

②诋诃（hē）：诋毁，呵责，指责。

③峭：严峻，严苛。裕：宽松。

【译文】

臧否家的功业，是以评判是非为根本，主张自身的廉洁而针砭时弊。（清明无杂质，一点杂质也要除去。）所以在他们还没有显达的时候，就被大家所认识。（品德清明洁净不受污染，处境低微也光明磊落。）当他显达的时候，就会受到大家的称誉。（一直光明清白，出仕就会受到人们的称赞。）他们的作用能够明辨是非曲直，（让道理清楚，为人之道洁净，所以是非不会混淆。）他们的弊病，就是被那些诋毁之徒所痛恨。（诋毁之徒，不喜欢听到别人指出自己的过错。）他们所做的事业，严厉苛刻而不能宽容，（严格查处错谬，怎么可能宽容？）所以有的人开始的时候能获得大家的支持而最后却偏离了大众。（清净明亮让大家称道，严峻无情让大家忌惮。）

【原文】

伎俩之业，本于事能，其道辨[1]而且速。（伎计如神，是以速辨。）其未达也，为众人之所异。（伎能出众，故虽微而显。）已达也，为官司之所任。（遂事成功，政之所务。）其功足以理烦纠邪，（释烦理邪，亦须伎俩。）其敝也，民劳而下困。（上不端而下困。）其为业也，细而不泰，故为治之末也。（道不平弘，其能大乎？）

【注释】

①辨：同“办”，办到，做成。

【译文】

伎俩家的功业，是以从事技能性的工作为根本，主张通过技巧快速地把事办成。（技巧如神，所以能快速地把事办成。）在他们还没有显达的时候，就被大家看作是与众不同的人。（技艺出类拔萃，所以即使地位卑微也能突出自己。）当他们显达之后，就被政府的主管部门所任用。（把事情办成，就是政府部门所追求的。）他们能够处理纷繁的事务、匡正邪僻，（解除烦琐之事，清理奸邪之事，也需要技巧。）他们的弊病，在于使民众劳苦、下属困顿不堪。（上面的管理者不端正，下面的实施者就受罪。）他们所做的事业，细小而不宏大，所以是治国之术的细枝末节。（他们的这套方法不能使治国之道平坦博大，怎么可能被重用呢？）

接识第七

（推己接物，俱识同体。兼能之士，乃达群材。）

【题解】

接识，是指通过与别人接触交往来识别人才。不过，因为常人往往只能用自己的观点和标准去观察和衡量别人，所以会发生种种偏颇，只能认识和自己同类的人才，认识不到与自己不同类的人才，因此作者给予人们三个告诫：第一要摒弃自己固有的观点和标准，第二要对人才有长时间的观察，第三要避免偏才之人在结识过程中容易犯的种种过失。

【原文】

夫人初甚难知，（貌厚情深，难得知也。）而士无众寡，皆自以为知人。故以己观人，则以为可知也。（己尚清节，则凡清节者，皆己之所知。）观人之察人，则以为不识也。夫何哉？（由己之所尚在于清节，人之所好在于利欲，曲直不同于他，便谓人不识物也。）是故能识同体之善，（性长思谋，则善策略之士。）而或失异量之美。（遵法者虽美，乃思谋之所不取。）何以论其然？夫清节之人以正直为度，故其历众材也，能识性行之常，（度在正直，故悦有恒之人。）而或疑法术之诡。（谓守正足以致治，何以法术为也。）法制之人以分数为度，故能识较方直之量，（度在法分，故悦方直之人。）而不贵变化之术。（谓法分足以济业，何以术谋为也。）术谋之人以思谟[①]为度，故能成策略之奇，（度在思谟，故贵策略之人。）而不识遵

人物志

法之良。（谓思谟足以化民，何以法制为也？）器能之人以辨护为度，故能识方略之规，（度在辨护，故悦方计之人。）而不知制度之原。（谓方计足以立功，何以制度为也？）智意之人以原意为度，故能识韬谞[2]之权，（度在原意，故悦韬谞之人。）而不贵法教之常。（谓原意足以为正，何以法理为也？）伎俩之人以邀功为度，故能识进趣之功，（度在邀功，故悦功能之人。）而不通道德之化。（谓伎能足以成事，何以道德为也？）臧否之人以伺察为度，故能识诃砭之明，（度在伺察，故悦谴诃之人。）而不畅[3]倜傥之异。（谓谴诃乃成教，何以宽弘为也？）言语之人以辨析为度，故能识捷给之惠[4]，（度在剖析，故悦敏给之人。）而不知含章[5]之美。（谓辨论事乃理，何以含章为也？）

【注释】

①谟（mó）：谋议，谋划，计谋。

②韬谞（tāo xū）：掩藏才谋，韬光养晦。

③畅：同“长”，长处，优点。

④惠：通“慧”，聪慧。

⑤含章：包含美质。

【译文】

人的性情最初是很难知晓的，（在深厚的情貌后面，所以难以知晓。）而读书人无论自己知识多少都自认为自己能知晓别人的性情。所以他们以自己的角度去观察别人，就认为自己能知晓别人的性情。（自己崇尚清廉高洁，就认为所有清廉高洁的人，都能被自己所知晓。）看别人考察人才的方法，就觉得对方不能够识别人才。这是为什么呢？（因为他们自己崇尚的是清廉高洁，别人喜好的是利禄欲望，对是非曲直的判断标准不同于他们，就觉得别人不能够识别人物。）所以人能够认识到同类人才的长处，（擅长思虑谋划，就喜欢出谋划策的人。）有时就认识不到不同类人才的长处。（遵纪守法的人虽然是好人，却不被思虑谋划的人所用。）为什么这样说呢？清节之人把清正方直作为衡量人才的标准，所以当他审视各类人才时，能够看到性情行为恒常不变的长处，（以正直为标准，所以喜欢性情恒常不变的人。）而有时却对方略计谋的欺诈产生疑惑。（认为恪守正直就足以治理民众，哪里需要用到法术呢？）法制之人把法律规范作为衡量人才的标准，所以他能够看到并比较出方正耿直之人的才能，（以法规为标准，所以喜欢方正耿直的人。）而不看重变化多端的谋略之术。（认为法令就足以完成国家大业，哪里需要用到术谋呢？）术谋之人把深思熟虑谋略作为衡量人才的标准，所以他能够看到计策方略的奇妙，（以深思熟虑谋略为标准，所以看重能出谋划策的人。）而不能看到遵纪守法的好处。（觉得深思熟虑谋略就足以教化民众，哪里需要用到法治呢？）器能之人把用智谋权术治理政事作为衡量人才的标准，所以能够认识方略的规定，（以智谋权术治理政事为标准，所以喜欢善于方略计谋的人。）而不能认识到制度的根本作用。（觉得方略计谋就足以建立功业，哪里需要用到制度呢？）智意之人把探究符合别人的本意作为衡量人才的标准，所以能认识隐藏机谋的权术，（以探究别人的本意为标准，所以喜欢能深藏不露的人。）而不看重常规的法制教化。（觉得探究别人的本意就足以为政，哪里需要用到法理呢？）伎俩之人把求取功劳作为衡量人才的标准，所以能看到追求进取的作用，（以获取功劳为标准，所以喜欢能建功立业的人。）却不通晓道德的教化作用。（觉得技能就足以成就事业，哪里需要用到道德教化呢？）臧否之人把观察别人的短处作为衡量人才的标准，所以能够认识指责批评的好处，（以观察别人的短处为标准，所以喜欢谴责呵斥别人短处的人。）却不觉得洒脱不拘束是长处。（觉得谴责呵斥别人短处的人就足以教化民众，哪里需要气量宏达能包容呢？）言语之人把辨别分析作为衡量人才的标准，所以能看到言辞敏捷反应迅速的聪慧表现，（以剖析为标准，所以喜欢言辞敏捷、反应迅速的人。）而不知道美质在内的含蓄之美。（觉得辨析论述事物就是正理，哪里需要含蓄之美呢？）

【原文】

是以互相非驳，莫肯相是。（人皆自以为是，谁肯道人之是？）取同体也，则接诒[1]而相得。（性能苟同，则虽胡越[2]接响而情通。）取异体也，虽历久而不知。（性能苟异，则虽比肩历年而逾疏矣。）凡此之类，皆谓一流之材也。（故同体则亲，异体则疏。）若二至已[3]上，亦随其所兼，以及异数。（法家兼术，故能以术辅法。）故一流之人，能识一流之善。（以法治者，所以举不过法。）二流之人，能识二流之美。（体法术者，法术兼行。）尽有诸流，则亦能兼达众材。（体通八流，则八材当位，物无不理。）故兼材之人与国体同。（谓八材之人始进陈言，冢宰之官察其所以。）

【注释】

①诒（hé）：彼此投合。

②胡越：泛指北方的少数民族胡人和南方的少数民族楚人，此处比喻语言不通。

③已：同“以”。

【译文】

所以人们总是互相非难反驳，没有人愿意肯定对方。（人们都自认为自己是对的，谁肯承认对方是对的呢？）遇到与自己同类的人才，讨论的时候彼此的观点就会投合。（性情假如相同，即使语言不通也能明白对方的意思。）遇到和自己不同类的人才，即使相处很长时间也不了解对方。（性情如果不同，即使近在咫尺、常年相处，也会日益疏远。）凡是以上所说，都可以称作只与同一类人才相通。（所以遇到和自己同类的人才就亲近对方，遇到和自己不同类的人才就疏远对方。）如果通两种才能以上，也就随着他所兼备的才能，达到不同的等级。（兼通法和术两种才能，所以能用术辅佐法。）所以只与同一类人才相通的人，只能看到一类人才的长处。（用法治理国家的人，所举荐的人也都是法家的人。）与两类人才相通的人，就能看到两类人才的长处。（同时拥有法和术两种才能的人，就能同时使用法和术。）与所有类别人才相通的人，就能够同时通晓众多人才的长处。（兼具八种才能，就能使用八种才能，所有事都能做好。）所以兼才之人与国体之才是一样的。（兼具八种才能的人能进言陈事，宰相只审查其进言的道理。）

【原文】

欲观其一隅，则终朝[①]足以识之。将究其详，则三日而后足。何谓三日而后足？夫国体之人兼有三材，故谈不三日不足以尽之。一以论道德，二以论法制，三以论策术，然后乃能竭其所长，而举之不疑。（在上者兼明八材，然后乃能尽其所进，用而无疑矣。）

【注释】

①终朝（zhāo）：整整一个早晨。

【译文】

想要观察一个人的某一方面，一个早晨的时间就足以知晓了。如果要进行详细的探究，就需要三天的时间才能了解透彻。

为什么说要三天的时间才能了解透彻？国体之人兼具三种人才的特点，所以和他谈论的时间不到三天就不能透彻地了解他。用一天的时间和他谈论道德，第二天和他谈论法制，第三天与他谈论谋略之术，然后才能彻底地了解他的长处，从而能毫不怀疑地举荐任用他。（当政的人同时了解八种人才，然后就能让八种人才尽其所能，毫不怀疑地任用他们。）

【原文】

然则何以知其兼偏，而与之言乎？（察言之时，何以识其偏材，何以识其兼材也？）其为人也，务以流数杼[①]人之所长而为之名目，如是兼也。（每因事类，杼尽人之所能，为之名目，言不容口。）如陈己美，欲人称之，（己之有善，因事自说，又欲令人言常称己。）不欲人之有，如是者偏也。（人之有善，耳不乐闻。人称之，口不和也。）不欲知人，则言无不疑。（闻法则疑其刻削，闻术则疑其诡诈。）是故以深说浅，益深益异。（浅者意近，故闻深理而心逾炫。是以商君说帝王之道不入，则以强兵之义示之。）异则相返，反则相非。（闻深则相炫，焉得而相是。是以李兑[②]塞耳而不听苏秦之说。）是故多陈处直，则以为见[③]美。（以其多方，疑似见美也。）静听不言，则以为虚空。（待时来语，疑其无实。）抗为高谈，则为不逊。（辞护理高，疑其凌己。）逊让不尽，则以为浅陋。（卑言寡气，疑其浅薄。）言称一善，则以为不博。（未敢多陈，疑其陋狭。）历发众奇，则以为多端。（遍举事类，则欲以释之，复以为多端。）先意而言，则以为分美。（言合其意，疑分己美。）因失难之，则以为不喻[④]。（欲补其失，反不喻也。）说以对反，则以为较己。（欲反其事而明言，乃疑其较也。）博以异杂，则以为无要。（控尽所怀，谓之无要。）论以同体，然后乃悦。（弟兄忿肆，为陈管蔡之事[⑤]，则欣畅而和悦。）于是乎有亲爱之情，称举之誉，（苟言之同，非徒亲爱而已，乃至誉而举之。）此偏材之常失。（意常婟护，欲人同己，己不必得，何由常得？）

【注释】

①杼：同“抒”，抒发，申述。

②李兑：战国时期赵惠文王的相国，和苏秦主持五国合纵攻秦。

③见：同“现”，表现，展现。

④喻：同“愉”，愉悦，高兴。

⑤管蔡之事：也称管蔡之乱。周武王死后，周武王的两个弟弟管叔和蔡叔不满周公旦摄政，于是挟持武庚发动叛乱，史称三监之乱。不久，周公旦平定叛乱，诛杀了管叔，流放了蔡叔。

【译文】

然而怎么知晓他是兼才还是偏才，而去和他交谈呢？（听他的言谈之时，怎么识别他是偏还是兼才呢？）如果他的为人，致力于根据各类人才所怀技能去申述他的长处、进行称赞标榜，这样的人就是兼才。（每说到一类人才时，就尽数他的能力，为他标榜称赞，赞美之词不绝于口。）如果他陈说自己的长处，想要获得别人的称赞，（自己的长处，通过议论事物来表现，又想要借别人之口来经常称赞自己。）不想知道别人的长处，这样的人就是偏才。（别人有长处，自己不愿意知道。有人称赞别人的长处，嘴上不附和。）不想知道别人的长处，就会处处怀疑别人所说的话。（听到别人说法，就怀疑法太严厉苛刻，听别人讲术，就怀疑术太阴险狡诈。）所以用高深的道理去说服肤浅的人，道理越高深分歧越大。（肤浅的人心意浅近，所以听到高深的道理而心里就越发糊涂。所以商鞅为秦孝公讲帝王之道时发现秦孝公听不进去，就给秦孝公讲强兵之义。）彼此有分歧观点就会相反，观点相反就会互相非难。（听到高深的道理就晕头转向，怎么可能肯定对方的观点呢？所以李兑塞住耳朵不听苏秦的观点。）如果一个人经常陈说自己处事公正有理，就会被认为是在表现自己的长处。（因为他经常陈说自己的正直，就会被认为是他表现自己的长处。）如果一个人安静倾听不说话，就会被认为内中空虚没有知识。（因为他长时间不说话，就怀疑他没有真本事。）如果一个人声音高亢高谈阔论，就会被认为不谦逊。（因为他言辞严谨道理高深，就怀疑他欺凌自己。）如果一个人谦虚礼让不使出全部本领，就会被认为肤浅鄙陋。（因为他词卑气短，就怀疑他思想浅薄。）如果一个人只称赞某一家的长处，就会被认为知识不广博。（因为他不敢多说话，就怀疑他见识粗陋狭隘。）如果一个人普遍地揭示众家的奇特之处，就会被认为头绪繁多。（遍举各类事例，想用它们阐释自己的观点，就会被认为头绪繁多。）如果提一个人提前说出了自己想说的话，就会被认为抢夺了自己的风头。（别人的观点与自己的意思相符合，就怀疑对方抢走了自己的风头。）如果一个人要弥补自己观点的不足，就会被认为是要让自己不高兴。（想要弥补别人的失误，反而让别人不高兴。）如果一个人提出相反的观点，就会被认为他是在和自己较量。（因为他想要提出相反的观点来说明，就怀疑他是要和自己一较高下。）如果一个人论说博采各家不同的观点，就会被认为论说不得要领。（将内心的所有想法都说出来，被认为没有重点。）只有在与自己同类的人谈话时，才会高兴。（兄弟不和，给他们讲管叔和蔡叔的故事，他们就会变得欣然欢畅、和颜悦色了。）于是就有了亲近关爱之情，称赞、提拔之举，（如果说他们性情相同，不只是相互亲近喜爱而已，乃至于称赞并举荐对方。）这些都是偏才常有的过失。（心里常常忌恨别人，想要别人赞同自己，自己都不一定有所收获，别人怎么可能常有收获呢？）

英雄第八

（自非平淡，能各有名。英为文昌，雄为武称。）

【题解】

英雄，是指文武双全而且出类拔萃的人。作者认为人由素质成分分为英才和雄才两类，英才是指其聪明才智，雄才是指其气魄胆力。只有英才而无雄才只能担任宰相，只有雄才而无英才只能担任将帅，只有同时兼具英才和雄才两种素质成分才能成为英雄，建立伟大的功业。

【原文】

夫草之精秀者为英，兽之特群者为雄。（物尚有之，况于人乎！）故人之文武茂异，取名于此。（文以英为名，武以雄为号。）是故聪明秀出①谓之英，胆力过人谓之雄，此其大体之别名也。若校其分数，则互相须，（英得雄分，然后成章。雄得英分，然后成刚。）各以二分，取彼一分，然后乃成。（胆者雄之分，智者英之分，英有聪明，须胆而后成。雄有胆力，须知而后立。）

【注释】

①秀出：美好突出。

【译文】

完美优异的花草被称为英，出类拔萃的野兽被称为雄。（动植物尚且如此，何况是人呢！）所以文武才干出类拔萃的人，从此中取名为英雄。（英是文才出众的称谓，雄是武功出众的称谓。）所以特别聪明的人被称为英，胆力过人的人被称为雄，这是名称上大致的区别。如果考察二者的比例，则二者彼此需要，（聪明的人胆力过人，就能彰显自身。胆力过人的人聪明异常，就能成就刚劲的风格。）各自分为两部分，拿取对方的一部分，才能成为英雄。（胆量是雄的组成部分，智慧是英的组成部分，英的聪明，需要有胆量才能成就。雄的胆量，需要智慧才能确立。）

【原文】

何以论其然？夫聪明者英之分也，不得雄之胆，则说不行。（智而无胆，不能正言。）胆力者雄之分也，不得英之智，则事不立。（勇而无谋，不能立事。）是故英以其聪谋始，以其明见机[1]，（智以谋事之始，明以见事之机。）待雄之胆行之。（不决则不能行。）雄以其力服众，以其勇排难，（非力众不服，非勇难不排。）待英之智成之。（智以制宜，巧乃可成。）然后乃能各济其所长也。（譬金待水而成利功，物得水然后成养功。）若聪能谋始，而明不见机，乃可以坐论，而不可以处事。（智能坐论而明不见机，何事务之能处？）聪能谋始，明能见机，而勇不能行，可以循常，而不可以虑变。（明能循常勇不能行，何应变之能为？）若力能过人，而勇不能行，可以为力人，未可以为先登。（力虽绝群，胆雄不决，何先锋之能为？）力能过人，勇能行之，而智不能断事，可以为先登，未足以为将帅。（力能先登，临事无谋，何将帅之能为？）必聪能谋始，明能见机，胆能决之，然后可以为英，张良是也。气力过人，勇能行之，智足断事，乃可以为雄，韩信是也。体分不同，以多为目。故英雄异名。（张良英智多，韩信雄胆胜。）然皆偏至之材，人臣之任也。故英可以为相，（制胜于近。）雄可以为将，（扬威于远。）若一人之身兼有英雄，则能长世，高祖、项羽是也。

【注释】

①见机：同“见几”，发现细微，从事物细微的变化中预见其先兆。

【译文】

为什么这么说呢？聪明是英才所具有的素质成分，但如果没有雄才的胆量，那他的主张就不能付诸实践。（有智慧但没有胆量，不能让自己的主张得以实践。）胆量是雄才所具有的素质成分，但如果没有英才的智慧，就做不成事情。（有勇而无谋，不能建立功业。）所以英才以自己的聪明谋划开始，以其明智识机微预世事，（用聪明谋划开始，用明智发现机会。）等到拥有雄才的胆量就去实践自己的主张。（不能决断就不能行动。）雄才用自己的力量征服众人，用自己的勇敢排除困难，（只有力量才能征服众人，只有勇敢才能排除困难。）等待拥有英才的智谋就能成就功业。（用智慧来制订符合时宜的计策，机巧才能实现。）然后才能够发挥他们各自的长处。（就像金属加上水才能打磨得锋利，万物获得水才能生长一样。）如果一个人能用聪明谋划开始，但不够明智因而不能从事物细微的变化中预见其先兆，可以让他坐而论道，而不能让他去办事。（富有智慧能坐而论道，但不够明智无法预见事物变化的先兆，能做好什么事呢？）如果一个人能用聪明谋划开始，也能用明智识机微预世事，但没有实践的勇气，可以让他遵循常规做事，而不能让他思虑变化。（明智能遵循常规但没有实践的勇气，能应对什么变化呢？）如果一个人力量过人，但没有行动的勇气，可以让他做大力士，却不可以让他做先锋。（虽然力大无比，胆量不够无法决断，怎么能做先锋呢？）如果一个人力气过人，也有行动的勇气，但没有处理事务的智慧，可以让他做先锋，却不可以让他做将帅。（力气大能做先锋，遇到事端却没有谋略，怎么能做将帅呢？）一个人必须要能用聪明谋划开始，用明智识机微预世事，用胆力决断事务，然后才可以被称为英才，比如张良。一个人必须要气力过人，有勇气去实践，能用智谋决断事务，才可以被称为雄才，比如韩信。人们所具有的禀赋和素质各不相同，以所含较多的禀赋和素质命名，所以英才和雄才才会有不同的名称。（张良属于英才，智慧多；韩信属于雄才，胆量大。）然而他们都是偏至之才，只能做人臣。所以英才可以做宰相，（取胜于眼前。）雄才可以任将军，（扬威于远方。）如果一个人兼具英才和雄才的素质，就能够称雄于世，比如汉高祖刘邦、楚霸王项羽。

【原文】

然英之分以多于雄，而英不可以少也。（英以致智，智能役雄，何可少也？）英分少，则智者去之。故项羽气力盖世，明能合变，（胆烈无前，济江焚粮。）而不能听采奇异，有一范增不用，是以陈平之徒皆亡归高祖。英分多，故群雄服之，英材归之，两得其用。（雄既服矣，英又归之。）故能吞秦破楚，宅有天下。然则英雄多少，能自胜之数也。（胜在于身，则能胜物。）徒英而不雄，则雄材不服也。（内无主于中，外物何由入？）徒雄而不英，则智者不归往也。（无明以接之，智者何由往？）故雄能得雄，不能得英。（兕虎①自成群也。）英能得英，不能得雄。（鸾凤②自相亲也。）故一人之身，兼有英雄，乃能役英与雄。故能成大业也。（武以服之，文以绥之，则业隆当年，福流后世。）

【注释】

①兕（sì）虎：泛指猛兽。兕，上古神兽，状如牛，苍黑，板角。

②鸾凤：鸾鸟和凤凰。

【译文】

然而英才的素质成分可以比雄才的素质成分多，却不可以比雄才的素质成分少。（英才的素质成分可以导致智慧，智慧能役使雄才，怎么可以比雄才的素质成分少呢？）英才的素质成分比雄才的素质成分少，智者就会离开。所以项羽气力盖世，有随机应变的明智，（胆量过人，有破釜沉舟之勇。）却不能听取采纳奇谋妙计，有一个高明的谋士范增却不懂得使用，所以陈平等人全都离开他而归顺了刘邦。汉高祖刘邦英才的素质成分比雄才的素质成分多，所以天下的雄才都信服他，天下的英才也都归顺他，两种人都能够发挥他们的作用。（雄才既臣服于他，英才又归顺于他。）所以刘邦能够灭秦破楚，得到天下。这就说明英才的素质成分和雄才的素质成分的多少，是决定自己能否取胜的关键。（自身有取胜的素质成分，就能战胜其他事物。）只有英才的素质成分而没有雄才的素质成分，雄才就不会臣服于他。（自己内心没有主见，外物怎么能进入呢？）只有雄才的素质成分而没有英才的素质成分，智者也不会归顺于他。（没有贤明接纳智者，智者怎么可能前往呢？）所以雄才之人可以得到雄才，却得不到英才。（猛兽自成一群。）英才之人可以得到英才，却得不到雄才。（鸾凤只亲近鸾凤。）所以一个人的身上，兼有英才和雄才的素质成分，才能同时役使英才与雄才，所以能成就大业。（用勇武去征服，用文德去安抚，就能让事业欣欣向荣，流芳百世。）

八观第九

（群材异品，志各异归。观其通否，所格者八。）

【题解】

八观，是指观察人才的八种方法：一是观察他在救助他人时的表现，二是观察他对外界变化的感应，三是观察他的素质及外在表现，四是观察他行为表现的原因，五是观察他对爱和敬的态度，六是观察他情感变化的原因，七是观察他的短处，八是观察他的聪明程度。通过这八种观察方法，就能很好地辨别他是通才还是偏才。

【原文】

八观者，一曰观其夺救，以明间杂。（或慈欲济恤而吝夺其仁，或救济广厚而乞醯为惠。）二曰观其感变，以审常度。（观其愠怍[①]，则常度可审。）三曰观其志质，以知其名。（征质相应，睹色知名）。四曰观其所由，以辨依似。（依讦似直，仓卒难明。察其所安，昭然可辨。）五曰观其爱敬，以知通塞。（纯爱则物亲而情通，纯敬则理疏而情塞。）六曰观其情机，以辨恕惑。（得其所欲则恕，违其所欲则惑。）七曰观其所短，以知其长。（讦刺虽短而长于为直。）八曰观其聪明，以知所达。（虽体众材，而材不聪明，事事蔽塞，其何能达？）

【注释】

①愠（yùn）：愠怒，怨恨。怍（zuò）：脸色变了。

【译文】

观察人才的八种方法，第一是观察他在救恤别人时表现出的另一面，以此来了解其品质的复杂。（有的人有慈善之心，但仁慈之心却被吝啬压倒，有的人想救助他人而向别人乞讨米醋进行布施。）第二是观察他对外界变化的感应，以此来审察他平常处世的态度。（观察他恼怒时的表现，就能审查他平常处世的态度。）第三是观察他的素质及外在表现，以此来了解他能获得的社会名声。（心态和表情相应，看他的举止就知道他能获得的名声。）第四是观察他行为表现的缘由，以此来辨别两种相似行为的差别。（攻击别人好像显得很正直，但短时间内很难看明白。观察其内心的想法的时候，就能清楚分辨心地的善恶了。）第五是观察他对爱和敬的态度，以此知晓他与别人情感交流方面是通畅还是阻塞。（纯粹的爱就是身体亲近而且情感相通，纯粹的敬就会道理少而情感堵塞。）第六是观察他情感变化的缘由，以此辨别他对别人是宽宥还是疑惑。（了解别人的欲望就能宽恕，不了解别人的欲望就会感到疑惑。）第七是观察他的短处，以此来了解他的长处。（攻击别人虽然是短处，但也有直率的长处。）第八是观察他的聪明程度，以此知道他能成就的事业。（虽然具有多种才能但不聪明，什么事都弄不明白，怎么可能成就事业呢？）

【原文】

何谓观其夺救，以明间杂？夫质有至、有违，（刚质无欲，所以为至。贪情或胜，所以为违。）若至胜违，则恶情夺正，若然而不然。（以欲胜刚，以此似刚而不刚。）故仁出于慈，有慈而不仁者。仁必有恤，有仁而不恤者。厉必有刚，有厉而不刚者。若夫见可怜则流涕，（慈心发于中。）将分与则吝啬，是慈而不仁者。（为仁者必济恤。）睹危急则恻隐，（仁情动于内。）将赴救则畏患，是仁而不恤者。（为恤者必赴危。）处虚义则色厉，（精厉见于貌。）顾利欲则内荏，是厉而不刚者。（为刚者必无欲。）然则慈而不仁者，则吝夺之也。（爱财伤于慈。）仁而不恤者，则惧夺之也。（恇怯损于仁。）厉而不刚者，则欲夺之也。（利欲害于刚。）故曰：慈不能胜吝，无必其能仁也。（爱而不施予，何仁之能为？）仁不能胜惧，无必其能恤也。（畏懦不果，何恤之能行？）厉不能胜欲，无必其能刚也。（情存利欲，何刚之能成？）是故不仁之质胜，则伎力为害器。（仁质既弱而有伎力，此害己之器也。）贪悖之性胜，则强猛为祸梯。（廉质既负而性强猛，此祸己之梯也。）亦有善情救恶，不至为害，（恶物宜剪而除，纯善之人怜而救之，此稠厚[1]之人，非大害也。）爱惠分笃，虽傲狎[2]不离，（平生结交，情厚分深，虽原壤夷俟[3]而不相弃，无大过也。）助善著明，虽疾恶无害也。（如杀无道以就有道，疾恶虽甚，无大非也。）救济过厚，虽取人，不贪也。（取人之物以有救济，虽讥在乞醯[4]非大贪也。）是故观其夺救，而明间杂之情，可得知也。（或畏吝夺慈仁，或救过济其分，而平淡之主顺而恕。）

【注释】

①稠（chóu）厚：醇厚。稠，浓，密。

②傲狎（xiá）：傲慢侮狎。

③原壤夷俟（yí sì）：语出《论语·宪问》，讲原壤踞坐着等着。孔子批评他道：小时候不谦逊尊长，长大又无可称述，老了又不死这是浪荡子。（孔子）用手杖轻敲原壤的小腿。原壤，春秋时期鲁国人，是孔子的老相识，被孔子认为是一个不重礼仪，碌碌无为，不懂事的人。夷俟，伸两足箕

踞而坐，被古人视为倨傲无礼的举止。

④乞醯（xī）：从邻居处借醋给别人。典出《论语·公冶长》：孔子说："（人们都认为微生高直率），谁能说微生高这个人非常直率呢？有个人来向他要醋，他从邻居那里要来醋又给了那个人。"

【译文】

什么是"观其夺救，以明间杂"？人的本质有好有坏，（本质刚强没有欲望，所以是好的本质。贪欲太多，就是不好的。）如果好的本质比坏的本质多，就会出现不好的本质取代好的本质的邪恶情况，形成一种似是而非的现象。（因为欲望多过刚强，所以看似刚强其实并不刚强。）所以仁爱虽然出于慈善，但也存在慈善而不仁爱的人。仁爱必定要求救助别人，但也有心存仁爱却不去救助别人的人。厉害必定要求刚强，但也有厉害却不刚强的人。比如看到别人可怜就流泪，（生出慈悲之心。）想将自己的东西分给他却又舍不得，这就是心存慈善但做不到仁爱的人。（仁爱的人必定要救助他人。）见到别人情况危急就生出恻隐之心，（生出仁爱之心。）想去救援别人却又害怕自己遭难，这就是心存仁爱却做不到救助别人的人。（救助他人必定要赴难。）处在虚而不实的道义中则面带严厉，（表面上精勤奋勉。）看到关系到个人的私利其实内心懦弱，这就是知晓利害但不刚强的人。（刚强的人必定没有欲望。）所以说慈善而不仁爱的人，是因为吝啬的本质占了上风。（爱财就会伤害慈悲。）仁爱而不救助别人的人，是因为恐惧的本质占上风。（懦弱会损害仁爱。）厉害而不刚强的人，是因为欲望占了上风。（追逐利益的欲望损害了刚强。）所以说：慈善之心不能战胜吝啬之心，就不一定能够做仁爱之事。（有仁爱之心但不给予他人，怎么可能做仁爱之事？）仁爱之心不能战胜惧怕祸患的心，就不一定能够救助别人。（畏惧懦弱不果断，怎么可能救助他人？）厉害之心不能战胜私欲，就不一定表现出刚强。（心存私欲之情，怎么可能成就刚强？）所以如果一个人不仁爱的本质占了上风，那么他的技艺和能力就成了害他的东西了。（仁质微弱而有能力，是于己有害的东西。）如果一个人贪婪的本质占了上风，那么他的刚强勇猛就成为致祸的阶梯。（缺少廉洁的本质而性情刚强勇猛，就是为自己招祸的阶梯。）也有用慈善的性情救助邪恶之人的，不会造成危害，（邪恶的事物应该被剪除，纯善之人怜悯他从而救助他，这种纯善之人，不是大害之人。）因为仁爱慈惠之心深厚，即使对方态度傲慢、言语不敬也不离开对方，（一生结交，情深谊厚，即使被对方无礼相待也不离开对方，不是什么大的过错。）救助别人善意明显，即使有过分憎恨邪恶的行为也没什么害处。（就像诛杀无道之人以亲近有道之人，虽然过分憎恨邪恶，也不是什么大的过错。）救济别人过于丰厚，即使是拿的别人的东西，也算不上贪婪。（拿别人的东西去救助他人，虽然被人讥讽为“乞醯”，也不是什么巨贪之徒。）所以观察一个人在救助别人时的表现，就能知晓其性情的复杂，就可以知道“观其夺救，以明间杂”的内涵了。（有的人畏惧吝啬的本质多于慈悲仁爱的本质，有的人救助他人超过了自己的本分，平和淡然的君主就对他们顺而恕之。）

【原文】

何谓观其感变以审常度？夫人厚貌深情，将欲求之，必观其辞旨，察其应赞。（视发言之旨趣，观应和之当否。）夫观其辞旨，犹听音之善丑。（音唱而善丑别。）察其应赞，犹视知之能否也。（声和而能否别。）故观辞察应，足以互相别识。（彼唱此和，是非相举。）然则论显扬正，白也；（辞显唱正，是曰明白。）不善言应，玄也；（默而识之，是曰玄也。）经纬玄白，通也；（明辨是非，可谓通理。）移易无正，杂也；（理不一据，言意混杂。）先识未然，圣也；追思玄事，睿也；见事过人，明也；以明为晦，智也；（心虽明之，常若不足。）微忽必识，妙也；（理虽至微，而能察之。）美妙不昧，疏也；（心致昭然，是曰疏朗。）测之益深，实也；（心有实智，探之愈精，犹泉滋中出，测之益深也。）假合炫耀，虚也；（道听涂说，久而无实，犹池水无源，泄而虚竭。）自见其美，不足也；（智不赡足，恐人不知，以自伐。）不伐其能，有余也。（不畏不知。）故曰：凡事不度，必有其故。（色貌失实，必有忧喜之故。）忧患之色，乏而且荒[①]。（忧患在心，故形色荒。）疾疢[②]之色，乱而垢杂。（黄黑色杂，理多尘垢。）喜色愉然以怿，愠色厉然以扬。妒惑之色，冒昧无常。（粗白粗赤，愦愦在面。）及其动作，盖并言辞。（色既发扬，言亦从之。）是故其言甚怿而精色不从者，中有违也。（心恨而言强和，色貌终不相从。）其言有违而精色可信者，辞不敏也。（言不自尽，故辞虽违而色貌可信。）言未发而怒色先见者，意愤溢也。（愤怒填胸者，未言而色貌已作。）言将发而怒气送之者，强所不然也。（欲强行不然之事，故怒气助言。）凡此之类，征见于外，不可奄[③]违。（心欢而怒容，意恨而和貌。）虽欲违之，精色不从。（心动貌从。）感愕以明，虽变可知。（情虽在内，感愕发外，千形万貌，粗可知矣。）是故观其感变而常度之情可知。（观人辞色而知其心，物有常度，然后审矣。）

【注释】

①荒：同“慌”，慌张。

②疾疢（chèn）：疾病，病害。

③奄：同“掩”，掩盖。

【译文】

什么是“观其感变，以审常度”？人们的外在表现往往丰富充分但其实却把自己的真实感情藏得很深，想要了解他们的真实感情，必须要观察他们说话的意图，观察他们的应答是否得当。（观察他们说话的主旨所在，观察他们的应答是否得当。）观察人们说话的意图，就好像听声音的美丑。（声音一发出，声音的美丑就区别开了。）观察他们的应答是否得当，就像审视他们是否有智慧。（一发言迎合，就知道有没有智慧。）所以观察人们的说话和应答，就能够了解彼此的能力。（主旨和言论互相唱和，是非相互纠正。）这就是说论说清楚、提倡的观点正确的人，是明白的人；（言辞清楚、说法正确，就是明白的人。）不善于说话和应答的人，是心里明白的人；（暗自认识到，所以是心里明白的人。）言辞上、心里头都明白，是通达事理的人；（明辨是非，就是通达事理的人。）随意变动观点、没有正确理论的人，是言语和意图都混淆不清的人；（不以一个道理为依据，言辞意图都混杂不清。）在事物没有形成之前就提前认识到的人，是圣贤；追求思索深奥玄妙的道理的人，是智者；认识事物的能力超过别人，是英明；心里明白但表现得不能明白，是机智；（心里虽然明白，但常常表现得不能明白。）极细小的事物也能看到，是精妙；（道理虽然细微，也能察觉得到。）不隐藏美好奇妙的事物，是疏朗；（明明白白地表达自己的心思，就是疏朗。）越检测越觉得知识渊博，是蕴含丰富；（内心有丰富的知识，越探索越精深，就像泉水生出，越测量越深邃。）假意应和别人的观点来炫耀自己，是虚伪；（道听途说，没有实际的知识，就像没有源头的死水，流泄出去就枯竭了。）自己展现自己的优点，是不足；（没有足够的智慧，担心别人不知道自己的能力，所以自夸。）不自夸自己的能力，是有余。（不害怕别人不知道自己的能力。）所以说：凡是不合常规的表现和举动，必定有其内在的缘故。（神色失常，必定是心中担忧或喜悦的缘故。）忧患的神色，是疲乏而且慌张的。（内心忧患，所以面色慌张。）疾病的神色，是杂乱且带有污垢的。（黄色、黑色混杂，看起来脏兮兮的。）喜悦的神色是欢娱而快乐的，怨恨的神色是严厉张扬的。嫉妒疑惑的神色，是唐突冒昧变化无常的。（面色大白或大红，满脸怒气。）这些情绪会表现在人们的行为举止上，并表现在人们的言语当中。（面色激扬，言辞也随之变化。）所以当一个人的言辞十分愉悦而神色并不愉悦时，其中必有相违背的地方。（内心怨恨而在言辞上勉强附和，神色终究不能附和。）如果一个人的言辞违背其真实情感而神色可信时，其言辞表达往往不够敏捷。（言辞不能完全表达自己的心意，所以言辞虽然违背心意但神色可信。）如果一个人还没有说话却已经面露怒色时，说明他的愤怒之情已经难以抑制。（胸中充满怒火的人，还没有说话而神色上已经显露出怒气了。）如果一个人将要说话而怒气伴随而出时，说明他被迫去做自己不认为正确的事。（想要勉强自己做不正确的事，所以用怒气来帮助自己说话。）以上所说的种种情况，都有明显的外在表现，无法掩盖。（内心欢喜而神色愤怒，内心怨恨而神色温和。）虽然想掩盖自己的真实情感，但神色并不相顺从。（内心情感变化，神色就随之变化。）弄明白人们由于内心的感受而表现出来的各种神色，即使神色有所变化也能知晓其内心的真实情感。（情感虽然藏在内心，但感受和惊讶却表现出来，尽管形形色色，大概都能知晓。）所以说观察人们情感的变化就可以了解他的常度之情。（观察人们的言辞神色就能知晓其内心，万物都有固定的规律，然后就能了解他们了。）

【原文】

何谓“观其至质[1]，以知其名”？凡偏材之性，二至以上，则至质相发，而令名生矣。（二至，质气之谓也。质直气清则善名生矣。）是故骨直气清，则休名生焉。（骨气相应，名是以美。）气清力劲，则烈名生焉。（气既清矣，力劲则烈。）劲智精理，则能名生焉。（智既劲矣，精理则能称。）智理强悫[2]，则任名生焉。（直而又美，是以见任。）集于端质，则令德济焉。（质征端和，善德乃成。）加之学，则文理灼焉。（圭玉有质，莹则成文。）是故观其所至之多少，而异名之所生可知也。（寻其质气，览其清浊。虽有多少之异，异状之名断可知之。）

【注释】

①至质：同“志质”，本质和气质。

②理：忠恕。悫（què）：诚实，谨慎，此处指恭敬。

【译文】

什么是“观其至质，以知其名”？大凡偏才的禀性，拥有两种以上的本质和气质，就会互相影响使其凸显，而使得美好的声誉产生。（二至，就是人的本质和气质。本质正直气质清雅就能产生美好的声誉。）所以品质正直气质清正，就会产生美好的名声。（品质和气质相互照应，所以产生美好的名声。）气质清雅能力强劲，就会产生建功立业的名声。（气质清雅，能力就强劲。）富有智慧精通事理，就会产生贤能的名声。（富有智慧，就能精通事理。）拥有智慧、忠恕、刚强、恭敬，就会产生敢于担当责任的名声。（正直而美好，所以被认为能担当责任。）这些突出的品质集中在一起，就形成美好的品德。（品质端正和谐，所以形成美好的品德。）再加上学习，他的文化素养就能熠熠生辉。（美玉有美好的本质，打磨就能形成美丽的纹理。）所以观察人们有多少突出的本质和气质，就能知道各种各样的名声是怎样产生的。（探寻人们的本质和气质，观察其本质和气质的清浊。二者虽然有多少之别，但足以判断不同状态导致的名声了。）

【原文】

何谓“观其所由，以辨依似”？夫纯讦性违，不能公正。（质气俱讦，何正之有？）依讦似直，以讦讦善。（以直之讦，讦及良善。）纯宕似流，不能通道。（质气俱宕，何道能通？）依宕似通，行傲过节。（似通之宕，容傲无节。）故曰：直者亦讦，讦者亦讦，其讦则同，其所以为讦则异。（直人之讦，讦恶瘅[①]非；纯讦为讦，讦善刺是。）通者亦宕，宕者亦宕，其宕则同，其所以为宕则异。（通人之宕，简而达道；纯宕、傲僻、以自恣。）然则何以别之？直而能温者，德也。（温和为直，所以为德。）直而好讦者，偏也。（性直过讦，所以为偏。）讦而不直者，依也。（纯讦似直，所以为依。）道而能节者，通也。（以道自节，所以为通。）通而时过者，偏也。（性通时过，所以为偏。）宕而不节者，依也。（纯宕似通，所以为依。）偏之与依，志同质违，所谓似是而非也。（质同通直，或偏或依。）是故轻诺，似烈而寡信。（不量己力，轻许死人[②]，临难畏怯，不能殉命。）多易，似能而无效。（不顾材能，自谓能办。受事猖獗，作无效验。）进锐，似精而去速。（情躁之人，不能久任。）诃者，似察而事烦。（谴诃之人，每多烦乱。）讦施，似惠而无成。（当时似给，终无所成。）面从，似忠而退违。（阿顺目前，却则自是。）此似是而非者也。（紫色乱朱，圣人恶之。）亦有似非而是者。（事同于非，其功实则是。）大权，似奸而有功。

(伊去太甲，以成其功。)大智，似愚而内明。(终日不违，内实分别。)博爱，似虚而实厚。(泛爱无私，似虚而实。)正言，似讦而情忠。(譬帝桀纣，至诚忠爱。)夫察似明非，御情之反，(欲察似类审，则是非御，取人情反覆明之。)有似理讼，其实难别也。(故圣人参讯广访，与众共之。)非天下之至精，其孰能得其实？(若其实可得，何忧乎驩兜[3]？何迁乎有苗[4]？是以昧旦晨兴，扬明侧陋，语之三槐，询之九棘。)故听言信貌，或失其真。(言讷貌恶，仲尼失之子羽。)诡情御反，或失其贤。(疑非人情，公孙失之卜式[5]。)贤否之察，实在所依。(虽其难知，即当寻其所依而察之。)是故观其所依，而似类之质可知也。(虽其不尽得其实，然察其所依似，则其体气粗可几矣。)

【注释】

①瘅(dàn)：憎恨。

②死人：为别人去死。

③驩(huān)兜：中国古代传说中的三苗族首领，传说因为与共工、鲧一起作乱，而被舜流放至崇山。

④有苗：三苗，是尧、舜、禹时代南方较强大的部族，传说舜时被迁到三危。

⑤公孙失之卜式：汉武帝时征讨匈奴，卜式愿意贡献一半家财作为军费，却不求一官半职。但丞相公孙弘认为卜式的做法不合情理，不宜重用。因此汉武帝没有重用卜式，最后卜式回家继续放牧。

【译文】

什么是“观其所由，以辨依似”？一味地指责他人过错的人性情违逆邪恶，做不到公正待人。(本质和气质都具有攻击性，怎么可能做到公正?）攻击他人似乎是性格直率的表现，用这种方法去攻击良善之人。（直率地攻击别人，伤及良善之人。）本质和气质都放荡不羁的人就像流水，不能通晓道理。（本质和气质都放荡不羁，怎么可能通晓道理?）看起来放荡不羁的人好像通晓道理，但其行为傲慢不受节制。（看起来像通晓道理的放荡不羁之徒，举止傲慢没有节制。）所以说：直率的人也指责别人的过错，喜欢指责别人过错的人也指责别人的过错，二者同是指责，但他们指责的缘由却不一样。（直率之人对别人过错的指责，是指责邪恶剪除错误；喜欢指责别人过错之人的指责，是指责美好伤害正确。）通晓事理的人也放荡不羁，放荡不羁的人也放荡不羁，二者都是放荡不羁，但他们放荡不羁的缘由却不一样。（通晓事理之人的放荡不羁，是简单而有道理的；纯粹的放荡不羁之人，是傲慢、邪僻、自我放纵的。）然而怎样区分他们呢?直率但温和的人，是有德之人。（温和直率，所以是有德之人。）直率而喜好指责别人过错的人，这是偏的行为。（性格直率过多地指责别人的过错，所以是偏的行为。）指责别人的过错但不直率地指责，这是依的行为。（一味地指责对方的过错好像很直率，所以是依的行为。）能用道义来节制自己，这是通晓事理的行为。（用道义来节制自己，所以是通晓事理的行为。）虽然通晓了事理但已时过境迁，这是偏的行为。（通晓事理但时过境迁，所以是偏的行为。）放荡不羁而不节制自我，是依的行为。（纯粹的放荡不羁看似通晓事理，所以是依的行为。）偏和依，表现相同但实质相反，就是所谓的似是而非。（本质都与通晓事理、率直有关，或是偏或是依。）所以轻易许诺，看起来刚直勇决其实缺乏诚信。（不衡量自己的能力，轻易许诺愿为别人赴死，灾难临头时又害怕胆怯，做不到以身殉名。）经常轻视别人，看起来很有能力其实一事无成。（不顾及自己的能力，自以为能做成事情。真正做事时却一再失败，看不到成效。）积极进取，看起来很精明能干其实很快就放弃。（性情急躁的人，不能做事的恒心。）大声斥责别人，看起来明辨事理其实让事物变得更烦乱不堪。（谴责呵斥别人的错误，反而让事情更烦乱不堪。）假意施与，看起来是在施惠于人其实并无结果。（当时好像很敏捷，最终没有成效。）表面顺从，看起来很忠诚其实行事却相反。（当面阿谀顺从，背后却自行其是。）这些都是似是而非的现象。（将奸邪小人当作廉洁公正的贤者，是孔子这样的圣人也讨厌的事。）也有似非而是的现象。（所做的事情不一样，但实际的成效却是一样的。）掌握朝政的权臣，看起来奸诈其实是有功之臣。（伊尹流放太甲，是为了帮助他成功。）拥有大智慧的人，看起来愚钝其实内心清明。（表面上始终没有违背之举，其实内心把对错分得很清楚。）广施仁爱的人，看起来虚伪浮夸其实内心厚重。（广施仁爱没有私心，看起来虚伪其实真实。）直言相劝的人，看起来是在指责别人的过错其实是忠诚。（譬如尊奉夏桀、商纣这样的暴君，对其无比忠诚。）审查类似的事而明辨是非，揭开人情的掩盖使其明了，（审查类似的事，从而明辨是非，用人情反复说明。）就好像审理案件，其实是很难分辨的。（所以圣人到处走访问询，与民众广泛讨论。）如果不是天下最精明的人，谁能获得现象背后的本质呢？（如果能获得现象背后的本质，怎么会担忧驩兜呢？苗人怎么会迁徙？所以君主才早起晚睡，到处搜寻藏匿偏远之地的人才，广泛征询百官的治理建议。）所以仅仅听信某个人的言论而相信事物的表面现象，就可能看不到其真实的东西。（言语木讷，相貌丑陋，所以孔子看错了子羽。）违背情理错失方向，就可能会失去贤能的人。（怀疑其做法不合情理，所以公孙弘错看了卜式。）考察人们贤能与否，最根本的在于看与之近似的情况。（虽然人们的贤能难以了解，就应当寻找与其相似的表现来考察。）所以说“观其所依，而似类之质可知也”。（虽然不能够完全知晓一个人的真实才能，但通过观察他类似的行为表现，就能大概知道他的本质。）

【原文】

何谓“观其爱敬，以知通塞”？盖人道之极，莫过爱敬。（爱生于父子，敬立于君臣。）是故《孝经》以爱为至德，（起父子之亲，故为至德。）以敬为要道。（终君臣之义，故为道之要。）《易》以感为德，（气通生物，人得之以利养。）以谦为道。（尊卑殊别，道之次序。）《老子》以无为德，（施化无方，德之则也。）以虚为道。（寂寞无为，道之伦也。）《礼》以敬为本，（礼由阴作，肃然清净。）《乐》[1]以爱为主。（乐由阳来，欢然亲爱。）然则人情之质，有爱敬之诚，（方在哺乳，爱敬生矣。）则与道德同体，动获人心，而道无不通也。（体道修德，故物顺理通。）然爱不可少于敬。少于敬，则廉节者归之，（廉人好敬，是以归之。）而众人不与。（众人乐爱，爱少，是以不与。）爱多于敬，则虽廉节者不悦，而爱接者死之。（廉人寡，常人众。众人乐爱致其死，则事成业济。是故爱之为道，不可少矣。）何则？敬之为道也，严而相离，其势难久。（动必肃容过之不及，逆旅之人，不及温和而归也。）爱之为道也，情亲意厚，深而感物。（煦妪[2]笃密感物甚深，是以翳桑之人[3]倒戈报德。）是故观其爱敬之诚，而通塞之理可得而知也。（笃于慈爱，则温和而上下之情通。务在礼敬，则严肃而外内之情塞。然必爱敬相须，不可一时而无。然行其二义者，常当务令爱多敬少，然后肃穆之风可得希矣。）

【注释】

①《乐》：六经之一，是讲述音乐的起源发展及社会作用的著作，原有三十二篇，但在秦朝亡佚，一部分收编入《礼记》。

②煦妪：抚育，爱抚。

③翳（yì）桑之人：典出《左传·宣公二年》，春秋时晋国人灵辄饿倒在翳桑这个地方，赵盾发现后救了他并赐给他食物。后来灵辄成为晋灵公的甲士。遇到晋灵公想要杀赵盾，灵辄倒戈相卫，使赵盾免于一死。

【译文】

什么是"观其爱敬，以知通塞"？为人之道的顶点，当属父子之爱和君臣之敬。（父子之间产生爱，君臣之间产生敬。）所以《孝经》把爱作为最高的道德标准，（爱起源于父子间的亲情，所以是最高的道德标准。）把敬作为为人之道的重要理论。（到君臣之间的道义终结，所以是为人之道的最高理论。）《易经》把气感作为为人的道德，（气通产生万物，人拥有气才能生存。）把谦虚作为为人的道理。（尊卑有别，引导人们遵循次序。）《老子》把自然无为作为德的准则，（教化民众没有固定方法，是德的准则。）把寂寞无为作为众道之理。（寂寞无为，道的要领。）《礼经》把敬作为为人的根本，（礼由大地滋生，肃然清净。）《乐经》把爱作为主导。（快乐由天滋生，欢欣畅然亲悦喜爱。）这说明人情的本质，如果有诚挚的爱和敬，（人还在吃奶的时候，就产生了爱和敬。）就会与道德融为一体，常常能收获人心，就没有走不通的道路。（修炼道德，所以做事顺利道理通达。）然而爱不能比敬少。如果一个人的爱比敬少，廉洁有气节的人就会归附他，（廉洁的人喜欢崇敬的人，所以归顺于他。）而民众却不会跟随他。（民众喜欢爱，爱少，所以不跟随他。）如果一个人的爱比敬多，虽然廉洁有气节的人不喜欢他，但接受爱的人会甘愿为施爱者去死。（廉洁的人少，普通人多。人们喜欢爱愿意为爱赴死，就能成就事业。所以爱作为为人之道的标准，必不可少。）这是为什么呢？如果把敬作为为人之道的标准，人们就会严肃拘谨彼此敬而远之，很难长久相处。（动辄面色严肃还觉得不够严肃，人们就会像旅居之人一样，感觉不到温暖就离开了。）如果把爱作为为人之道的标准，人们就会彼此情亲意厚，产生深深的感染。（关爱抚慰情深意厚，所以翳桑之人倒戈相卫赵盾。）所以观察一个人的爱和敬的诚意，就可以知晓他为人处世通达与闭塞的道理了。（慈爱之情深厚，就会显得温和而与人们上下感情通融。过于强调礼敬之心，就会显得太过严肃使人们上下感情阻塞。可见必须要爱敬兼有，一刻也不能缺少。然而实行爱敬之人，应当常常让爱多敬少，这样才能减少肃穆之风。）

【原文】

何谓“观其情机，以辨恕惑”？夫人之情有六机：抒其所欲则喜；（为有力者誉乌获[①]，其心莫不忻焉。）不抒其所能则怨；（为辨给者称三缄，其心莫不忿然。）以自伐历之则恶；（抗己所能以历众人，众人所恶。）以谦损下之则悦；（卑损下人，人皆喜悦。）犯其所乏则婟[②]；（人皆悦己所长，恶己所短，故称其所短，则婟戾忿肆。）以恶犯婟则妒；（自伐其能，人所恶也。称人之短，人所婟也。今伐其所能，犯人所婟，则妒害生也。）此人性之六机也。夫人情莫不欲遂其志，（志之所欲，欲遂已成。）故烈士乐奋力之功，（遭难而力士奋。）善士乐督政之训，（政修而善士用。）能士乐治乱之事，（治乱而求贤能。）术士乐计策之谋，（广筭[③]而求其策。）辨[④]士乐陵讯之辞，（宾赞而求辨给。）贪者乐货财之积，（货财积则贪者容其求。）幸者乐权势之尤。（权势之尤，则幸者窃其柄。）苟赞其志，则莫不欣然。是所谓杼其所欲则喜也。（所欲之心杼尽，复何怨乎？）若不杼其所能，则不获其志。不获其志，则戚。（忧己才之不展。）是故功力不建，则烈士奋。（奋愤不能尽其材也。）德行不训[⑤]，则正人哀。（哀不得行其化。）政乱不治，则能者叹。（叹不得用其能。）敌未能弭，则术人思。（思不得运其奇。）货财不积，则贪者忧。（忧无所收其利。）权势不尤，则幸者悲。（悲不得弄其权。）是所谓不抒其能，则怨也。（所能不抒，其能悦乎？）人情莫不欲处前，故恶人之自伐。（皆欲居物先，故恶人之自伐也。）自伐，皆欲胜之类也。是故自伐其善，则莫不恶也。（恶其有胜己之心。）是所谓自伐历之，则恶也。（是以达者终不自伐。）人情皆欲求胜，故悦人之谦。谦所以下之，下有推与之意，是故人无贤愚，接之以谦，则无不色怿。（不问能否，皆欲胜人。）是所谓以谦下之，则悦也。（是以君子终日谦谦。）人情皆欲掩其所短，见其所长。（称其所长则悦，称其所短则愠。）是故人驳其所短，似若物冒之。（情之愤闷，有若覆冒。）是所谓驳其所乏，则婟也。（覆冒纯塞，其心婟戾。）人情陵上者也，（见人胜己，皆欲陵之。）陵犯其所恶，虽见憎，未害也。（虽恶我自伐，未甚疾害也。）若以长驳短，是所谓以恶犯婟，则妒恶生矣。（以己之长，较人之短，而取其害，是以达者不为之也。）凡此六机，其归皆欲处上。（物之自大，人人皆尔。）是以君子接物，犯而不校[⑥]。（知物情好胜，虽或以小犯己，终不较拒也。）不校，则无不敬下，所以避其害也。（务行谦敬，谁害之哉？）小人则不然。既不见机，（不达妒害之机。）而欲人之顺己，（谓欲人无违己）。以佯爱敬为见异，（孔光[⑦]逡巡，董贤[8]欣喜。）以偶邀会为轻，（谓非本心，忿其轻己。）苟犯其机，则深以为怨。（小人易悦而难事。）是故观其情机，而贤鄙之志可得而知也。（贤明志在退下，鄙劣志在陵上。是以平淡之主御之以正，训贪者之所忧，戒幸者之所悲，然后物不自伐，下不陵上，贤否当位，治道有序。）

【注释】

①乌获：战国时秦国的大力士，后用来泛指大力士。

②媢（mù）：古同“嫭”，忌恨。

③筭：同“算”，计算，谋算。

④辨：同“辩”，能言善辩。

⑤训：通“顺”，顺从，遵循。

⑥校：本指栅栏，后指拒绝。

⑦孔光：西汉后期大臣，孔子的十四世孙，字子夏，聪颖好学，性格刚正，直谏无忌，但办事周密谨慎，从来没有出现过差错，官至大将军、丞相、太傅、太师。

⑧董贤：汉哀帝刘欣的宠臣，性情柔和，喜欢逢迎哀帝，用谄媚巩固自己的地位。

【译文】

什么是“观其情机，以辨恕惑”？人的情感或情绪主要有六种外在表现：抒发了自己内心想要表达的东西就欢喜；（给强壮有力的人以大力士美誉，没有不高兴的。）没有发挥自己的能力和特长就怨恨；（让能言善辩的人三缄其口，没有不怨恨的。）用自我夸耀的方法去超越别人就会被人厌恶；（夸耀自己的优点以便超越众人，就被众人厌恶。）用谦虚自损的方法处于人下就会被人喜爱；（谦卑自损甘居人下，所有人都会喜欢。）触犯别人的短处就会被忌恨；（人们都喜欢自己的优点，讨厌自己的缺点，所以说他的缺点，他就会忌恨恼怒非常。自夸时却触犯别人的短处就会被人妒害；（夸耀自己的长处，是人们厌恶的。说别人的短处，是人们所忌恨的。如今夸耀自己的优点，便能触犯别人的短处，就会被人妒害。）这就是人性中的六种情感或情绪的外在表现。人之常情，没有人不想实现自己的志向，（有志之人的欲望，就是想要实现自己的志向。）所以勇猛之士喜欢以勇力立功的环境，（遭遇危难，力士就能奋起。）有德之士喜欢政治修明的环境，（政治修明，有德之士才能被任用。）才能之士喜欢治理政治混乱的局面，（治理乱局，所以君主广求贤能之士。）谋略之士喜欢谋划计策，（大范围谋算，以便求得计策。）能言善辩之士喜欢被皇帝垂询，（广结宾客，寻求能言善辩之士。）贪婪之人喜欢积聚钱财，（钱财聚集，贪婪之人的贪欲就更大。）受宠幸的幸臣喜欢当权者犯错。（当权者一犯错，受宠幸的幸臣就觉得抓住了他的把柄。）如果推举他们实现自己的志向，就没有不高兴的。这就是所谓的抒发了内心想要表达的东西就欢喜。（内心想要表达的东西都得到抒发，怎么可能怨恨呢？）如果不发挥他们的能力，他们就不能实现自己的志向。不能实现自己的志向，就会忧愁不已。（担忧自己的才能无法施展。）所以没有建功立业，有雄心壮志的人就会感到愤怒。（愤怒自己不能完全施展才能。）不遵从道德行为规范，正人君子就会感到哀愁。（哀愁自己的道德不能教化民众。）政局混乱不能治理，有能之士就会叹息。（叹息自己的才能没有被任用。）敌人没有消弭，谋略之人就会感到哀伤。（哀伤自己的奇谋妙计不能被采用。）钱财没有积累，贪婪之人就会感到担忧。（担忧自己没办法贪污钱财。）当权的人不犯错误，受宠幸的幸臣就会感到悲哀。（悲哀自己无法玩弄权术。）这就是所谓的没有发挥他的能力和特长，就会怨恨。（他的才能没有得到抒发，怎会高兴呢？）人之常情没有不想领先别人的，所以讨厌别人的自我夸耀。（都想要领先别人，所以讨厌别人自我夸耀。）自我夸耀，都是想要超越别人。所以一个人夸耀自己的优点，没有人不厌恶他。（厌恶他有超越自己的心。）这就是所谓的用自我夸耀的方法超越别人，就会被人厌恶。（所以通达的人始终不夸耀自我。）人之常情都想超越别人，所以都喜欢别人的谦逊。谦逊所持的态度就是甘居人下，甘居人下就有推让他人之意，所以无论是对贤良的人还是愚钝的人，都用谦逊的态度对待他，就没有人不面露喜色。（不论有没有能力，都想超越别人。）这就是所谓的用谦虚自损的方法处人之下，就会被人喜爱。（所以君子随时保持谦逊的态度。）人之常情都想要把自己的短处掩盖起来，表现自己的长处。（称赞他的长处就高兴，提及他的短处就愤怒。）所以反驳别人的短处，就会使他感到愤懑好像被东西覆盖一样。（内心积聚愤懑之情，就好像有东西被覆盖一样。）这就是所谓的触犯别人的短处，就会被人忌恨。（覆盖阻塞，内心就会充满怒火。）人之常情都想要超越比自己强的人，（看见别人比自己强，都想要超越他。）在超越别人的时候自我夸耀，虽然会被人厌恶，但还没到被人忌害的程度。（虽然讨厌自我夸耀，但没想过要忌害。）如果用自己的长处去攻击别人的短处，这就是所谓的自夸己能攻人所短，就会被人妒害。（用自己的长处，去和别人的短处比较，从而自取其害，所以通达的人不做这样的事。）以上所说的六种感情的外在表现，归根结底都是想要高居人上。（自高自大，人人如此。）所以君子待人接物，即使受到冒犯也不会拒绝对方。（知晓争强好胜是人之常情，虽然有时被小小地冒犯，终究不计较，不拒绝对方。）不拒绝，就会敬而下之，所以避免了别人对自己的妒害。

（始终保持谦逊礼敬的态度，谁会妒害他呢？）小人则不是这样。他们不明白人性中情感的六种外在表现，（不通晓妒害滋生的征兆。）而想要让人们顺从自己，（想要人们不违背自己的心意。）把别人假装的爱敬看作是对自己另眼相看，（孔光对董贤恭恭敬敬，董贤就感到欣慰欢喜。）把别人因偶然遇到而发出邀请看作对自己的轻视，（觉得不是出自本心，愤恨对方轻视自己。）如果别人触犯了他的痛处，就会对别人产生深深的怨恨。（小人容易讨好却难以和他共同做事。）所以考察一个人感情变化的征兆，就可以知道他的心志是善美还是卑劣了。（贤明的人志在谦逊处下，卑劣的人志在高居人上。所以平和淡泊无为的君主用正道驾驭他们，以贪婪之人的担忧为教训，以宠幸之臣的悲伤为警戒，这样就能让人们不自我夸耀，下不凌上，贤能之士各得其所，国家治理得井井有条。）

【原文】

何谓"观其所短，以知所长"？夫偏材之人，皆有所短。（智不能周也。）故直之失也，讦。（刺讦伤于义，故其父攘羊其子证之。）刚之失也，厉。（刚切伤于理，故谏君不从承之以剑。）和之失也，懦。（懦弱不及道，故宫之奇[①]为人懦不能强谏。）介之失也，拘。（拘愚不达事，尾生[②]守信死于桥下。）夫直者不讦，无以成其直，既悦其直，不可非其讦，（用人之直，恕其讦也。）讦也者，直之征也。（非讦不能为直。）刚者不厉，无以济其刚。既悦其刚，不可非其厉，（用人之刚，恕其厉也。）厉也者，刚之征也。（非厉不能为刚。）和者不懦，无以保其和，既悦其和，不可非其懦，（用人之和，恕其懦也。）懦也者，和之征也。（非懦不能为和。）介者不拘，无以守其介，既悦其介，不可非其拘，（用人之介，恕其拘也。）拘也者，介之征也。（非拘不能为介。）然有短者，未必能长也。（纯讦之人未能正直。）有长者，必以短为征。（纯和之人征必懦弱。）是故观其征之所短，而其材之所长可知也。（欲用其刚，必采之于厉。）

【注释】

①宫之奇：春秋时虞国大臣，明于料事，具有远见卓识，忠心耿耿辅佐虞君，并推荐百里奚共同参与朝政。晋国向虞国假道伐虢时，宫之奇看清了晋国的野心，力谏虞公联虢抗晋，可虞君不听，最终晋军灭掉虢国后，借着返回途中在虞国驻扎的机会，袭击了虞国，俘获了虞君及大夫百里奚，灭掉了虞国。

②尾生：典出《庄子·盗跖》，春秋时期有一位叫尾生的男子与女子约定在桥下相会，等待许久女子都没来，这时河水上涨，尾生不愿失信离去，于是抱着桥柱而死。后用尾生抱柱一词比喻坚守信约。

【译文】

什么是“观其所短，以知其长”？偏才之人，都有各自的短处。（没有周全的智慧。）所以正直引起的过失，在于攻击别人的短处。（正直的揭发伤害道义，所以父亲偷羊儿子揭发他。）刚强引起的过失，在于对人太过严厉。（刚强伤害理，所以劝谏君主不被接受就以刀剑逼谏。）温和之人的过失，在于太软弱。（懦弱达不到道义，所以宫之奇为人懦弱做不到坚定地劝谏虞国君主。）有独特节操的人的过失，在于拘泥。（拘泥愚钝不通达事理，所以尾生为了守信淹死在桥下。）然而直率的人不攻击别人的短处，就不能成就他的直率，既然喜欢他的直率，就不能否定他对别人短处的攻击，（用一个人的直率，宽恕他对别人短处的攻击。）攻击别人的短处，是直率的表现。（不攻击别人的短处，就不是直率。）刚强的人不严厉，就不能成就他的刚强，既然喜欢他的刚强，就不能否定他的严厉，（用一个人的刚强，宽恕他的严厉。）严厉，是刚强的表现。（不严厉，就无法刚强。）温和的人不软弱，就无法保持他的温和，既然喜欢他的温和，就不能否定他的软弱，（用一个人的温和，宽恕他的软弱。）软弱，是温和的表现。（不懦弱，就无法温和。）有独特节操的人不拘泥，就不能守住他的节操，既然喜欢他的节操，就不能否定他的拘泥，（用一个人的独特节操，宽恕他的拘泥。）拘泥，是独特节操的表现。（不拘泥，就无法守住独特的节操。）这就是说有短处的人，未必能变成长处。（一味地攻击别人的短处，未必能成就正直。）有长处的人，必定以短处作为自己的特征。（纯粹温和的人外在表现必定是懦弱。）所以观察一个人表现出来的短处，就可以知晓他才能的长处了。（想要用一个人的刚强，必须接受他的严厉。）

【原文】

何谓“观其聪则，以知所达”？夫仁者，德之基也。（载德而行。）义者，德之节也。（制德之所宜也。）礼者，德之文[①]也。（礼，德之文理也。）信者，德之固也。（固，德之所执也。）智者，德之帅也。（非智不成德。）夫智出于明。（明达乃成智。）明之于人，犹昼之待白日，夜之待烛火。（火日所以照昼夜，智达所以明物理。）其明益盛者，所见及远。（火日愈明所照愈远，智达弥明理通弥深。）及远之明难，（圣人犹有不及。）是故守业勤学，未必及材。（生知者上，学能者次。）材艺精巧，未必及理。（因习成巧，浅于至理。）理义辨给，未必及智。（理成事业，昧于玄智。）智能经事，未必及道。（役智经务，去道远矣。）道思玄远，然后乃周。（道无不载，故无不周。）是谓学不及材，材不及理，理不及智，智不及道。（道智玄微，故四变而后及。）道也者，回覆变通。（理不系一，故变通之。）是故别而论之，各自独行，则仁为胜。（仁者济物之资，明者见物而已。）合而俱用，则明为将。（仁者待明，其功乃成。）故以明将仁，则无不怀。（威以使之，仁以恤之。）以明将义，则无不胜。（示以断割之宜。）以明将理，则无不通。（理若明练，万事乃达。）然则苟无聪明，无以能遂。（暗者昧时，何能成务成遂？）故好声而实，不克则恢。（恢迂远于实。）好辩而理，不至则烦。（辞烦而无正理。）好法而思，不深则刻。（刻过于理。）好术而计，不足则伪。（伪，诬诈也。）是故钧材而好学，明者为师。比力而争，智者为雄。等德而齐，达者称圣。圣之为称，明智之极名也。（是以动而为天下法，言而为万世范居上位而不亢，在下位而不闷。）是以观其聪明，而所达之材可知也。

【注释】

①文：同“纹”，纹理。

【译文】

什么是“观其聪则，以知所达”？仁，是道德的根基。（仁是道德的载体。）义，是道德的调节器。（让道德恰到好处。）礼，是修饰道德的花纹。（礼，是道德的花纹。）信，是道德所坚持的东西。（坚持，是道德所持守的东西。）智，是道德的主帅。（没有智慧就成就不了道德。）智慧出自明达。（明白通达所以成就智慧。）明对于人来说，就像白天要有太阳才能形成，黑夜要靠烛火才能光亮。（烛火和太阳用来照耀白天黑夜，智慧通达用来明晓事理。）光明越盛大，所照耀显现的地方越远。（烛火和太阳光线越强所照耀呈现的地方越远，智慧通达所通达的道理就越深。）然而能照耀远处的光明是很难达到的，（圣人尚且做不到。）所以恪守学业勤奋学习，未必能够成才。（生而知之是上等人，学而知之次之。）才艺精巧，未必能触及深层次的道理。（通过经常练习掌握技巧，却不知道深层次的道理。）说理义说得头头是道，未必能达到智慧的程度。（道理能成就事业，但难以成就玄妙的智慧。）有能够成就事业的智慧，未必能掌握事物的根本规律。（用智慧经营事业，离大道还很远。）掌握了道才能够思考深远，然后才能做事周全。（道无所不包，所以无所不周。）所以说学习不如成才，成才不如知理，知理不如有智慧，有智慧不如掌握大道。（大道的智慧玄妙精微，所以要反复论辩才能获得。）掌握大道，需要反复通晓变化的事物。（道理没有唯一的表现，所以要从变化中通晓。）所以如果分别论之，让它们各自独立运行，仁就是重要的。（仁是救助万物的保障，明达只是发现事物而已。）如果将它们合在一起使用，明达就是主帅。（仁爱的人拥有明达，才能成功。）所以用明达来统率仁，就没有人不归附于他。（威武用来役使人，仁爱用来救助人。）用明来统率义，就战无不胜。（指示决断的适宜与否。）用明来统率理，就会无所不通。（道理如果明达纯熟，做任何事都能成功。）这就是说如果没有聪明，就无法成功。（愚昧的人看不到时机，怎么可能把事情做成功？）所以说喜好名声而又名副其实，如果达不到就是名不副实。（迂阔的人一点儿也不实际。）喜好言辩的人要通晓道理，如果达不到就会言辞繁冗。（言辞繁冗就不能切中正理。）喜好遵循法律的人要进行思考，如果思考不深入就是苛刻。（苛刻多于道理。）喜欢谋略的人要谋划奇计，如果达不到就是弄虚作假。（弄虚作假，就是诡诈。）所以素质才能相当而好学，其中明达的人成为老师。力量相等而互相角斗，其中智慧的人成为胜者。道德水平相等，通达的人成为圣人。圣人的称呼，是对极端明智的人的称呼。（所以一举一动都是天下效法的对象，一言一行都是万世的典范。身处高位而不亢奋，身处低位而不烦闷。）所以说观察一个人的聪明程度，就可以知道他能够达到什么样的人才标准。

七缪第十

（人物之理，妙而难明。以情鉴察，缪犹有七。）

【题解】

七缪，是指考察人才时容易发生的七种谬误：考察名声时有偏颇的谬误、待人接物受个人好恶的困扰、审度心志有大小的错误、品质有早熟晚熟的嫌疑、在通才异势之间进行猜测、名声会随变化消长等七种谬误，同时提出了七种有效的对应方法，来很好地避免这些谬误的发生。

【原文】

七缪[①]：一曰察誉有偏颇之缪，（征质不明，故听有偏颇也。）二曰接物有爱恶之惑，（或情同忘其恶，或意异违其善也。）三曰度心有大小之误，（或小知而大无成，或小暗而大无明。）四曰品质有早晚之疑，（有早智而速成者，有晚智而晚成者。）五曰变类有同体之嫌，（材同势均则相竞，材同势倾则相敬。）六曰论材有申压之诡，（藉富贵则惠施而名申，处贫贱则乞求而名压。）七曰观奇有二尤之失。（妙尤含藏，直尤虚瑰，故察难中也。）

【注释】

①缪：同“谬”，谬误。

人物志

【译文】

考察人才时容易发生的七种谬误：一是考察人的声誉时会出现偏颇的谬误，（不知晓他的表现和本质，所以听闻有偏颇。）二是待人接物时会受个人好恶的迷惑，（或是因为情投意合就忘记他不好的一面，或是因为性情不同就看不到他好的一面。）三是审查人的心志时会对他的素质中明与智大小判断有失误，（或是有小智慧但干不了大事，或是小愚昧而大事上不明白。）四是考察人的素质时有不知道他的智慧发展早晚的疑惑，（有人早慧早成，有人晚慧晚成。）五是分辨人才类别时要在同才异势之间进行猜测，（才能相当力量相等就相互竞争，才能力量不等就相互尊敬。）六是在评论人才时会有名声长消的相反运动，（凭借富贵而广施恩惠就使得名声远扬，身处贫贱而乞求救助就使得名声不扬。）七是观察奇才时有认识人才尤妙和尤虚的失误。（妙尤之人才能藏而不露，直尤之徒只是外表光鲜亮丽，所以难以考察他们的内心。）

【原文】

夫采访之要，不在多少。（事无巨细，要在得正。）然征质不明者，信耳而不敢信目。（目不能察，而信于耳。）故人以为是，则心随而明之。人以为非，则意转而化之。（信人毁誉，故向之所是，化而为非。）虽无所嫌，意若不疑。（信毁誉者，心虽无嫌，意固疑矣。）且人察物，亦自有误。爱憎兼之，其情万原。（明既不察，加之爱恶，是非是疑，岂可胜计？）不畅其本，胡可必信？（去爱憎之情，则实理得矣。）是故知人者，以目正耳。（虽听人言，常正之以目。）不知人者，以耳败目。（亲见其诚，犹信毁而弃之。）故州闾之士，皆誉皆毁，未可为正也。（或众附阿党，或独立不群。）交游之人誉不三周，未必信是也。（交结致誉不三周，色貌取人而行违之。）夫实厚之士，交游之间，必每所在肩称。（言忠信行笃敬，虽蛮貊[1]之邦行矣。）上等援之，下等推之，（蛮貊推之，况州里乎。）苟不能周，必有咎毁[2]。（行不笃敬者，或谄谀得上而失于下，或阿党得下而失于上。）故偏上失下，则其终有毁。（非之者多，故不能终。）偏下失上，则其进不杰。（众虽推之，上不信异。）故诚能三周，则为国所利。此正直之交也。（由其正直，故名有利。）故皆合而是，亦有违比。（或违正阿党，故合而是之。）皆合而非，或在其中。（或特立不群，故合而非之。）若有奇异之材，则非众所见。（奇逸绝众，众何由识。）而耳所听采，以多为信。（不能审查其材，但信众人言也。）是缪于察誉者也。（信言察物必多缪失，是以圣人如有所誉，必有所试。）

【注释】

①蛮貊：古代南方和北方的落后部族。

②咎毁：同“咎悔”，悔过，追悔自责。

【译文】

搜求寻访人才的关键，不在于听到的情况的多少。（事无论大小，关键在获得正确的道理。）然而看不清别人的行为表现与内在品质的人，总是相信耳朵听到的而不相信眼睛看到的。（眼见无法察看，就相信耳朵听到的。）所以当别人认为是对的，他就随之相信并认为自己观察得很准。当别人认为是错的，他就改变自己的看法而转向反面。（相信别人的毁誉，所以以前觉得对的，又变为错的。）相信别人毁誉的人虽然心中并无半点嫌隙，但他听到别人的毁誉后怎么能没有怀疑呢？（相信别人毁誉的人，虽然心中并无半点嫌隙，但感情上确实有怀疑。）况且人们观察事物时，也有不准确的地方。再受到外界爱憎的干扰，就引发了更多的疑惑。（已经不能明察事物，又受到外界爱憎的干扰，心中的疑惑，怎么数得清呢？）这种观察从根本上就不畅达，怎么可能必信不疑呢？（去掉外界爱憎的干扰，就能获得真实的道理了。）所以能够知人的人，用眼睛看到的来纠正耳朵听到的。（虽然倾听别人的话，但总是用眼睛看到的去纠正耳朵听到的。）不能知人的人，用耳朵听到的干扰眼睛看到的。（亲眼看到一个人的诚信，却还坚信他会毁信离弃。）所以在乡里生活的人，不是被众人赞誉就是被众人诋毁，未必都是正确的。（或是成群结党，或是卓立不群。）所交游的人如果不是多次做成被委托的事情，就不一定要信任他。（结交赢得的声誉但没有多次做成事情，以貌取人而实际怀疑他。）笃实纯厚的人，他们与人交际的时候，必定常常受到所在地方的称誉。（言辞重诚信实，行事笃厚敬肃，即使在边远民族也是被推崇的。）上边的人拔举他，下边的人举荐他，（边远民族推崇他，更何况是中原地区呢？）如果他不能够办成事情，上下之人必定有所后悔。（行事不笃厚敬肃的人，或是阿谀上层贵族而丧失民心，或是在下结党而失去了上层贵族的欢心。）所以偏重上层而失去下层的民心，最终必定被诋毁。（诽谤的人太多，所以不得善终。）偏重下层而失去了上层的看重，就不会突出地升迁。（虽然民众推举他，但上层统治者不相信他的独特。）所以如果能让他多次办成事情，就会对国家有利。这是正直的交往。（因为其正直，所以说有利。）所以所有人都对一个人迎合肯定，就有违逆正直、逢迎结党的嫌疑。（有的人违背正直拉党结派，所以党派之人迎合他肯定他。）如何有很多人一起否定一个人，他反而可能是个卓立不群的人。（有的人卓立不群，所以人们合起来否定他。）如果有奇异的人才，就不是普通人能发现的。（才能奇逸、出类拔萃，普通人怎么可能认识到呢？）而相信耳朵听到的情况，是只听信众人所言的做法。（不能审察一个人的才能，就只相信大家的说法。）这是考察人的声誉时会发生的谬误。（相信别人的说法而审察人物必定会有很多谬误之处，所以如果要称赞一个人的才能，必定要先检验他的才能。）

【原文】

夫爱善疾恶，人情所常。（不问贤愚，情皆同之也。）苟不明质，或疏善、善非。（非者见善，善者见疏，岂故然哉？由意不明。）何以论之？夫善非者，虽非犹有所是。（既有百非，必有一是。）以其所是，顺己所长，（恶人一是，与己所长同也。）则不自觉情通意亲，忽忘其恶。（以与己同，忘其百非。谓矫驾为至孝，残桃为至忠[①]。）善人虽善，犹有所乏。（虽有百善，或有一短。）以其所乏，不明己长。（善人一短，与己所长异也。）以其所长，轻己所短，则不自知志乖气违，忽忘其善。（以与己异，百善皆弃。谓曲杖为匕首，葬楯为反具[②]耶！）是惑于爱恶者也。（征质暗昧者，其于接物，常以爱恶惑异其正。）

【注释】

①矫驾为至孝，残桃为至忠：典出《韩非子·说难》，前一句是说春秋时卫国的弥（mí）子瑕（xiá）因为深受卫国国君的宠信，在母亲生病时假托君命驾驭君车而出，按当时卫国法令，弥子瑕私自驾驭国君车子，论罪要处以刖刑。但卫国国君却觉得弥子瑕这种行为十分孝顺："真孝顺啊！为了母亲的缘故，忘了自己会犯刖罪。"后一句是说弥子瑕和卫国国君在果园游览时，他摘了一个桃子吃觉得很甜，就将吃剩下的半个桃子给卫国国君吃。卫国国君认为弥子瑕十分爱自己："多么爱我啊！不顾自己口味来给我吃。"

②葬楯为反具：典出《史记·周勃世家》，说条侯周亚夫的儿子从专做殉葬用品的工官那里给父亲买了五百件殉葬用的盔甲盾牌，因为拖欠搬运雇工的工钱，被雇工联名告发要反叛，汉景帝派廷尉责问周亚夫："您是想造反吗？"周亚夫说："我所买的器物都是殉葬用的，怎么说是要造反呢？"狱吏说："您纵使不在地上造反，也要到地下去造反吧！"

【译文】

喜欢美善憎恨丑恶，这是人之常情。（不论是贤明的人还是愚昧的人，都有这种感情。）但如果认不清人的本质，就可能疏远美善，把不好的人认为是好的。（不好的人被善待，好的人被疏远，难道是固然如此吗？是因为内心不明白。）为什么这么说呢？那些被认为是好的而实际上是不好的人，即使有很多不好的地方但还是有好的地方。（即使有一百个不好的地方，也必然有一个好的地方。）因为他有好的地方，又与自己的长处相合，（恶人一个好的地方，与自己的长处相同。）就会不自觉和他感情相通心意亲近，从而忽视他的丑恶之处。（因为其唯一好的地方与自己的长处相同，就忽视了他那么多不好的地方。就像卫国国君把偷驾国君马车看作是最孝顺的行为，把送给自己吃剩下的桃子看作最忠诚的行为。）善美之人虽有很多好的地方，但是也有他的短处。（虽有一百个好的地方，可能也有一个短处。）因为他有短处，这些短处又与自己的长处不同，便认不清自己的长处。（善美之人的一个短处，与自己的长处也不一样。）因为善美之人的长处，轻视自己的短处，就会不自觉地与他的志趣、精神相悖，忽视他的美善。（因为善美之人的短处与自己的长处不同，就将其那么多好的地方置之不顾。就像是把曲杖看作匕首，把冥器看作是造反的证据。）这是在审察人才时被自己个人的喜爱和厌恶所迷惑的情况。（从内至外都愚昧的人，在待人接物的时候，常常因为个人爱憎的迷惑而改变正确的东西。）

【原文】

夫精欲深微，质欲懿重，志欲弘大，心欲嗛小[①]。精微，所以入神妙也。（粗则失神。）懿重，所以崇德宇也。（躁则失身。）志大，所以戡物任也。（小则不胜。）心小，所以慎咎悔也。（大则骄陵。）故《诗》咏文王，“小心翼翼”“不大声以色”，小心也。（言不贪求大名声，见于颜色。）“王赫斯怒”“以对于天下”，志大也。（故能诛纣，定天下，以致太平。）由此论之，心小志大者，圣贤之伦也。（心小，故以服事殷；志大，故三分天下有其二。）心大志大者，豪杰之隽也。（志大而心又大，故名豪隽。）心大志小者，傲荡之类也。（志小而心阔远，故为傲荡之流也。）心小志小者，拘儒之人也。（心近志短，岂能弘大。）众人之察，或陋其心小，（见沛公烧绝栈道，谓其不能定天下。）或壮其志大，（见项羽号称强楚，便谓足以匡[②]诸侯。）是误于小大者也。（由智不能察其度，心常误于小大。）

【注释】

①嗛（qiǎn）小：谦虚精神。嗛，同“谦”，谦虚。

②匡：同“框”，约束，限制，此处指征服。

【译文】

精神要深邃微妙，素质要美好厚重，志向要恢宏远大，胸襟要谦虚谨慎。精细入微，所以能进入神奇美妙的境界。（粗略就无法达到神奇的境界。）美好厚重，所以能增加自身的气度。（急躁就丧失了自身的气度。）志向远大，所以能担当重任。

（志向渺小就不堪重任。）小心谨慎，所以能谨慎防止过失悔恨。（自高自大就骄纵、欺凌他人。）所以《诗经》歌颂周文王，“小心翼翼”“不大声以色”，就是说他小心谨慎。（说他不贪大名声，一言一行都小心谨慎。）“王赫斯怒”“以对于天下”，就是说他志向远大。（所以能诛灭商纣王，平定天下，使国泰民安。）由此来说，小心谨慎、志向远大的人，属于圣贤一类。（小心谨慎，所以能服事殷商；志向远大，所以能获得天下三分之二的民心。）大而化之、志向远大的人，是豪杰中的俊秀。（志向远大而且大而化之，所以是豪杰中的俊秀。）大而化之、志向渺小的人，属于傲慢放荡之类。（志向渺小而心胸开阔，所以是傲慢放荡的一类人。）小心谨慎、志向渺小的人，是拘谨懦弱之人。（心意浅近而且志向短近，怎么可能恢宏远大？）普通人对人才的观察，或是鄙视其小心谨慎，（看到刘邦烧掉所有栈道，就认为他不能平定天下。）或是赞许其志向远大，（看到项羽号称强楚，就认为他能够征服所有诸侯国。）这都是由人们对心志大小的判断错误所致。（因为智慧不足以审查一个人的度量，所以常对其心志的大小判断错误。）

【原文】

夫人材不同，成有早晚。有早智而速成者，（质清气朗生则秀异，故童乌苍舒①总角曜奇也。）有晚智而晚成者，（质重气迟则久乃成器，故公孙弘②道老而后章。）有少无智而终无所成者，（质浊气暗终老无成，故原壤年老，圣人叩胫而不能化。）有少有令材遂为隽器者。（幼而通理，长则愈明，故异材发奇于应宾，效德于公相。）四者之理，不可不察。（当察其早晚，随时而用之。）夫幼智之人，材智精达，然其在童髦皆有端绪。（仲尼戏陈俎豆，邓艾③指图军旅。）故文本辞繁，（初辞繁者，长必文丽。）辩始给口，（幼给口者，长必辩论也。）仁出慈恤，（幼慈恤者，长必矜人。）施发过与，（幼过与者，长必好施。）慎生畏惧，（幼多畏者，长必谨慎。）廉起不取。（幼不妄取，长必清廉。）早智者浅惠而见速，（见小事则达其形容。）晚成者奇识而舒迟，（智虽舒缓，能识其妙。）终暗者并困于不足，（事务难易，意皆昧然。）遂务者周达而有余。（事无大小，皆能极之。）而众人之察，不虑其变，（常以一概责于终始。）是疑于早晚者也。（或以早成而疑晚智，或以晚智而疑早成，故于品质常有所失也。）

【注释】

①童乌苍舒：都是古代早慧的人物。童乌，西汉著名文学家扬雄的儿子，九岁时就帮助写作《太玄》，可惜早夭。苍舒，上古高阳氏八才子之一，是治世能臣，帮助尧处理国家大事，政绩卓越。

②公孙弘：西汉名臣，少时为吏，牧豕海上，四十而学，谨养后母，汉武帝时先后两次被国人推荐，征为博士，十年之中从待诏金马门擢升为三公之首，封平津侯，先后被任为左内史（左冯翊）、御史大夫、丞相之职，死后谥“献侯”。

③邓艾：三国时期魏国名将，本名邓范，文武全才，深谙兵法，对内政也颇有建树。

【译文】

人才各不相同，成才有早有晚。有的人早慧而很早成才，（气质清朗就产生优秀突出的人才，所以童乌、苍舒童年时就奇异地展现智慧之光。）有的人晚慧而大器晚成，（气质沉重迟缓就很久才能成大器，所以公孙弘告老时才彰显自己劝谏的才能。）有的人从小没有智慧而终身没有成就，（气质混浊，终其一生无所成就，所以原壤年老时仍不遵循礼节，所以圣人孔子用木杖敲击他的腿也不能改变他。）有的人从小具备良才长大后成为佼佼者。（从小通晓事理，年岁越长越明晓事理，所以孔融做李膺宾客应答使人惊奇，长大后能过国家效力。）这四方面的道理，不可以不审察。（要审查其智慧生成的早晚，随着形势的变化而任用他们。）从小就有智慧的人，才智精明通达，这些在他儿童时期都会有所体现。（孔子年少时喜欢摆弄俎豆之类的礼器，邓艾年少时就能在地图上规度指画军营处所。）所以词汇丰富就有文采，（年幼时词汇丰富的人，长大后必定富有文采。）口才好就善辩，（年幼时口才好，长大后必定善于辩论，）慈善助人必定产生仁爱，（年幼时慈善助人，长大后必定能同情有困难的人。）能给予就能施舍，（年幼时常给予别人东西。长大后必定乐善好施。）因为畏惧所以谨慎。（年幼时胆小，长大后必定谨慎。）不拿别人的东西产生清廉。（年幼时不随便拿别人的东西，长大后必定清廉。）智力早熟的人看见一点小事就能够从神态中表现出来，（看见一点小事能在自己的神态上有所表现。）大器晚成的人智力虽然舒缓但认识精妙，（智力虽然舒缓，但能认识到事物的精妙。）终生愚昧的人在许多事务上都受困于才智不足，（事务困难还是容易，内心都不清楚。）事业顺利的人做什么事都顺心如意，游刃有余。（无论大事还是小事，都能做到最好。）而普通人对人才的考察，往往不考虑这些变化，（常常一成不变地看待一个人。）这就是对人才智力成熟早晚方面的疑惑。（或是用早慧的标准去怀疑大器晚成的人，或是以大器晚成的标准去怀疑早慧的人，所以对人的品质常有错误的认识。）

【原文】

夫人情莫不趣[1]名利，避损害。名利之路，在于是得。（是得在己，名利与之。）损害之源，在于非失。（非失在己，损害攻之。）故人无贤愚，皆欲使是得在己。（贤者尚然，况愚者乎？）能明己是，莫过同体。（体同于我，则能明己。）是以偏材之人，交游进趋之类，皆亲爱同体而誉之，（同体能明己，是以亲而誉之。）憎恶对反而毁之，（与己体反，是以恶而疏之。）序异杂而不尚也。（不与己同，不与己异，则虽不憎，亦不尚之。）推而论之，无他故焉。夫誉同体，毁对反，所以证彼非而著己是也。（由与己同体，故证彼非而著己是也。）至于异杂之人，于彼无益，于己无害，则序而不尚。（不以彼为是，不以己为非，都无损益，何所尚之？）是故同体之人，常患于过誉，（譬惧为力人，则力小者慕大，力大者提小，故其相誉常失其实也。）及其名敌，则尠[2]能相下。（若俱能负鼎，则争胜之心生，故不能相下。）是故直者性奋，好人行直于人，（见人正直，则心好之。）而不能受人之讦。（刺己之非则讦而不受。）尽者情露，好人行尽于人，（见人颖露，则心好之。）而不能纳人之径。（说己径尽，则违之不纳。）务名者乐人之进趋过人，（见人乘人，则悦其进趋。）而不能出陵[3]己之后。（人陵于己，则忿而不服。）是故性同而材倾，则相援而相赖也。（并有旅力，则大能奖小。）性同而势均，则相竞而相害也。（恐彼胜己，则妒善之心生。）此又同体之变也。故或助直而毁直，（人直过于己直，则非毁之心生。）或与明而毁明，（人明过于己明，则妒害之心动。）而众人之察不辨其律理，是嫌于体同也。（体同尚然，况异体乎？）

【注释】

①趣：同“趋”，趋赶，追逐。

②尠（xiǎn）：稀有的，罕见的。

③陵：同“凌”，超越，凌驾于……之上。

【译文】

没有人不趋于名利，躲避损害，这是人之常情。人们获得名利的途径，在于做法正确并有所收获。（自己有所收获，就获得了名利。）人们受到损害的根源，在于做法错误而有所失。（自己做错事而有所失，损害就来了。）所以无论贤能的人还是愚昧的人，都想让自己的做法正确而有所收获。（贤能的人尚且如此，何况愚昧的人呢？）能了解自己长处的，莫过于和自己同类的人。（与自己是同一类人，所以能了解自己。）所以偏才之人，所交游亲近的人，都是与自己关系亲密的同一类人并称赞他们，（同一类人能了解自己，所以亲近他们而且称赞他们。）憎恶与自己对立相反的人并诋毁他们，（因为和自己对立相反，所以厌恶他们并且疏远他们。）对异杂之人既不憎恨也不推崇。（不与自己相同，也不与自己不同，所以虽然不憎恶他们，也不推崇他们。）推而论之，没有其他的原因。人们称赞和自己同类的人，诋毁和自己对立相反的人，都是用来证明别人错而自己是对的而已。（由于他和自己是同一类人，所以要证明对方是错的来凸显自己是对的。）至于异杂之人，对别人没有益处，对自己没有害处，就既不憎恨也不崇尚。（不能用来证明别人的正确，也不能用来证明自己的错误，对双方都无所增益和损害，怎么可能推崇他们呢？）所以同一类的人，最常见的毛病就是过分称赞对方，（譬如都是大力士，力气小的人就羡慕力气大的人，力气大的人就提防力气小的人，所以对彼此的称赞之辞常常言过其实。）至于名望相当的人，则很少能彼此谦让。（如果双方都有举起大鼎的能耐，就滋生了争强好胜之心，所以就不能彼此谦让。）所以刚直的人性情奋发，喜欢行为刚直的人，（发现一个人正直，心里就喜欢他。）却不能接受别人指责自己的过失。（别人攻击自己的错误，就不接受对方的指责。）坦诚直率有什么说什么的人，喜欢对别人直率地尽抒胸臆的人，（看见别人显露才华，心里就喜欢他。）却不能接受对自己直率地尽其所言。（别人批评自己太直率，就拒绝接受。）致力于追求名声的人，喜欢比别人努力进取的人，（看到别人超越别人，就喜欢他的进取。）却不甘心身处比自己强的人之后。（别人超越自己，就忿忿然不服气。）所以性情相同而才能差距大，就会互相提举彼此依赖。（都有臂力，所以力量大的人能奖掖力量小的人。）性情相同而能力相当，就会互相竞争互相残害。（害怕对方超过自己，所以产生了嫉妒之心。）这又是同一类人之间关系的变化。所以有的人扶助正直的人又诋毁正直的人，（别人的正直超过自己的正直，就生出了诽谤诋毁之心。）有的人称赞明智的人又诋毁明智的人，（别人的明智超过自己的明智，就生出了嫉妒伤害之心。）而普通人审察人才时不去分辨这其中的规则和道理，这是分辨同类人才时会有的疑惑。（同一类的人尚且如此，更何况不是同一类人呢？）

【原文】

夫人所处异势，势有申压。富贵遂达，势之申也。（身处富贵，物不能屈，是以佩六国之印，父母迎于百里之外。）贫贱穷匮，势之压也。（身在贫贱，志何申展，是以黑貂之裘敝，妻嫂慢于闺门之内。）上材之人，能行人所不能行。（凡云为动静，固非众人之所及。）是故达有劳谦之称，穷有著明之节。（材出于众，其进则裒多益寡[①]。劳谦济世，退则履道坦坦，幽人贞吉。）中材之人，则随世损益。（守常之智，申压在时。故势来则益，势去则损。）是故藉富贵则货财充于内，施惠周于外。（赀财有余，恣意周济。）见赡者，求可称而誉之。（感其恩纪，匡救其恶，是以朱建[②]受金而为食其画计。）见援者，阐小美而大之。（感其引援，将顺其美，是以曹邱[③]见接为季布扬名。）虽无异材，犹行成而名立。（夫富与贵，可不欣哉！乃至无善而行成，无智而名立，是以富贵妻嫂恭，况他人乎！）处贫贱，则欲施而无财，欲援而无势。（有慈心而无以拯，识奇材而不能援。）亲戚不能恤，朋友不见济。（内无蔬食之馈，外无缊袍之赠。）分义不复立，恩爱浸以离。（意气皆空薄，分意何由立？）怨望者并至，归罪者日多。（非徒薄己，遂生怨谤之言。）虽无罪尤，犹无故而废也。（夫贫与贱可不慑哉！乃至无由而生谤，无罪而见废，是故贫贱妻子慢，况他人乎！）故世有侈俭，名由进退。（行虽在我，而名称在世。是以良农能稼，未必能穑。）天下皆富，则清贫者虽苦，必无委顿之忧。（家给人足，路人皆馈之。）且有辞施之高，以获荣名之利。（得辞施之高名，受余光之善利。）皆贫，则求假无所告，（家贫户乏，粟成珠玉。）而有穷乏之患，且生鄙吝之讼。（乞假无遗，与嫂叔争糟糠。）是故钧材而进有与之者，则体益而茂遂。（己既自足，复须给赐，则名美行成，所为遂达。）私理卑抑有累之者，（己既不足，亲戚并困。）则微降而稍退。（上等不援，下等不推。）而众人之观，不理其本，各指其所在，（谓申达者为材能，屈压者为愚短。）是疑于申压者也。（材智虽钧，贵贱殊涂，申压之变，在乎贫富。）

【注释】

①裒（póu）多益寡：削减多余，用来增补不足。比喻多接受别人的意见，弥补自己的不足。裒，减少。益，增补。

②朱建：西汉辟阳侯审食其门客，为人有口辩，性廉刚直，行不苟合，因辟阳侯审食其与之纳交，遂为审食其出谋划策，后来审食其被淮南厉王击杀，朱建也受牵连被迫自杀。

③曹邱：汉代著名辨士曹丘生，最初不被季布所喜，后来曹丘生见到季布说："楚人谚曰'得黄金百，不如得季布一诺'，足下何以得此声于梁楚间哉？且仆楚人，足下亦楚人也。仆游扬足下之名于天下，顾不重邪？何足下距仆之深也！"季布大喜，以曹丘生为贵宾。

【译文】

人所处的情势各不相同，情势有伸张、压制的区别。（苏秦身处富贵的情势下，没有人能使他折节，所以能佩六国之印，父母在百里之外迎接他。）贫下低贱穷苦匮乏，这是情势的压制。（苏秦身处贫穷低贱的情势下，怎么可能伸展自己的志向，所以裹着一身黑色破皮袄回家，被家里的妻子和嫂子轻视怠慢。）上等人才，能做人所不能做的事。（一举一动，都不是常人所能及。）所以他们显达时有勤劳谦虚的美称，穷困时有光明磊落的节操。（才能出类拔萃，他一进取就削减有余之处而弥补不足之处。勤劳谦虚救助世人，身退就能守住正道其心不乱，趋吉避凶。）中等人才，则随着时势的变化而增减。（守常的智慧，伸张还是压制由时势决定。所以时势一来就伸展，时势一去就压制。）所以他们借助富贵的情势就能为家庭积聚钱财，在外面广泛施惠。（物资钱财有余，恣意周济他人。）被他救济的人，寻找他可称道的地方而赞美他。（感激他的恩惠，匡救他的过错，所以朱建接受审食其的赠金就帮他出谋划策。）被他提拔的人，就阐述他的小优点并放大。（感激他的提拔，给予他想要的美誉，所以曹邱被季布接见后就大肆张扬季布的美名。）所以他们虽然没有什么特殊的才能，却仍能够做成事树立名声。（富贵，谁不喜欢？它能让人们没有美善而做成事，没有智慧而树立名声，所以苏秦一富贵家中的妻子和嫂子就变得态度恭敬，更何况是其他人呢？）身处贫困低贱的情势，就是想要布施也没有钱财，想要提拔人也没有权势。（有慈悲之心却没有能力救助他人，发现奇异的人才却不能提拔他。）亲戚得不到帮助，朋友得不到救济。（家族内没有馈赠食物的行为，外面没有赠送破旧衣袍的行为。）情分不再有，恩爱渐渐远离。（义气稀薄空虚，怎么可能建立情分？）怨恨不满的人一起到来，问罪的人逐日增多。（不只是轻薄自己，还生出怨恨诽谤之言。）他们虽然没有什么罪行和过错，但还是无缘无故地被废黜。（贫穷低贱，谁不害怕呢？它让人无缘无故被诽谤，没有罪行却被废黜，所以苏秦贫困低贱时被妻子轻视怠慢，更何况是其他人呢？）所以世上有奢侈和节俭的行为，名声也随之或高或低。（行为的好坏由自己决定，而名声的好坏则由世人决定。所以好的农民能耕种，却不一定能收获。）天下人都富有，那么清贫者虽然贫苦，必然也没有衰弱病困之忧。（家家衣食充裕，人人生活富足，对路上的行人都能馈赠食物。）而且还有推辞施与的高名，因此获得荣名之利。（获得推辞施与的高名，受到美德的美好影响。）如果天下人都贫穷，那么就会无处请求借贷，（家家户户都贫困不堪，缺衣少食，粟米如同珍珠美玉一样稀有珍贵。）因而有穷困贫乏之患，并且会生出对人们过分爱惜钱财的控诉。（乞求借贷却无人施与，与叔嫂争夺糟糠之食。）所以财富和别人一样多还积极给予别人的人，就会名成功就万事如意。（自己已经富足，还须施与赏赐，就会功成名就，事事顺心如意。）自己的管理经营衰弱卑下而又有拖累的人，（自己都不富足，亲戚也跟着受连累。）地位就会慢慢下降。（上层统治者不提拔他，下层民众不推举他。）而普通人对这种情况的观察，看不到问题的根本原因，各自只指出问题的现状，（认为申达的人是有才之人，屈压的人是愚昧短浅之人。）这是对情势的伸张和压制问题上的迷惑。（才能智慧虽然相当，但贵贱却大不相同，情势的伸张和压制导致的变化，在于贫富的变化。）

【原文】

夫清雅之美，著乎形质，察之寡失。（形色外著，故可得而察之。）失缪之由，恒在二尤。二尤之生，与物异列。（是故非常人之所见。）故尤妙之人，含精于内，外无饰姿。（譬金水内明而不外朗，故冯唐[①]白首，屈于郎署。）尤虚之人，硕言瑰姿，内实乖反。（犹烛火外照，灰烬内暗，故主父偃辞丽，一岁四迁。）而人之求奇，不可以精微测其玄机，明异希。（其尤奇异，非精不察。）或以貌少为不足，（睹鬷蔑[②]貌恶，便疑其浅陋。）或以瑰姿为巨伟，（见江充[③]貌丽，便谓其巨伟。）或以直露为虚华，（以其款尽，疑无厚实。）或以巧饰为真实。（巧言如流，悦而睹之。）是以早拔多误，不如顺次。（或以甘罗[④]为早成，而用之于早岁或误，复欲顺次也。）夫顺次常度也。苟不察其实，亦焉往而不失？（征质不明不能识奇，故使顺次亦不能得。）故遗贤而贤有济，则恨在不早拔。（故郑伯谢之于烛武。）拔奇而奇有败，则患在不素别。（故光武悔之于朱浮。）任意而独缪，则悔在不广问。（秦穆不从蹇叔，虽追誓而无及。）广问而误己，则怨己不自信。（隗嚣心存于汉，而为王元所误。）是以骥子发足，众士乃误。韩信立功，淮阴乃震。夫岂恶奇而好疑哉！乃尤物不世见，而奇逸美异也。（故非常人之所识也。）是以张良体弱，而精强为众智之隽也。（不以质弱而伤于智。）荆叔色平，而神勇为众勇之杰也。（不以色和而伤于勇。）然则隽杰者，众人之尤也。（奇逸过于众人，故众人不能及。）圣人者，众尤之尤也。（通达过于众奇，故众奇不能逮。）其尤弥出者，其道弥远。（非天下之至精，其孰能与于此。）故一国之隽，于州为辈，未得为第也。（郡国之所隽异比于州郡，未及其第目。）一州之第，于天下为棂[⑤]。（州郡之所第目以比天下之隽，棂而不可及。棂，一回反，枢也。）天下之棂，世有优劣。（英人不世继，是以伊、召、管、晏应运乃出。）是故众人之所贵，各贵其出己之尤，（智材胜己则以为贵。）而不贵尤之所尤。（尤之尤者，非众人之所识。）是故众人之明，能知辈士之数，（众人明者，粗知郡国出辈之士而已。）而不能知第目之度。（乃未识郡国品第之隽。）辈士之明，能知第目之度，（出辈明者，粗知郡国第目之良。）不能识出尤之良也。（未识出尤奇异之理。）出尤之人，能知圣人之教，（瞻之在前，忽焉在后。）不能究之入室之奥也。（如有所立卓尔，虽欲从之，未由也已。）由是论之，人物之理，妙不可得而穷已。（为当拟诸形容，象其物宜，观其会通，举其一隅而已。）

【注释】

①冯唐：西汉大臣，以孝行著称于时，但出仕尚晚，且因汉武帝求贤时已经年过古稀，心有余而力不足，所以常被用来形容“老来难以得志”。

②鬷（zōng）蔑：春秋时郑国人，相貌丑陋，但其实十分聪慧。

③江充：西汉汉武帝时的大臣，相貌俊美，但用心险恶，因为与太子刘据有仇隙，就在太子宫掘蛊，掘出桐木做的人偶，逼得太子起兵造反。

④甘罗：战国时秦国著名的少年政治家，自幼聪明过人，小小年纪便拜入秦国丞相吕不韦门下，任其少庶子，十二岁时出使赵国，使计让秦国得到十几座城池，因此得到秦始皇赐任上卿（相当于丞相），封赏田地、房宅，但其后事迹史籍无载。

⑤椳（wēi）：本指门臼，承托门转轴的臼状物，此处指中枢。

【译文】

清廉高雅的美德，在人的外貌和气质上都有明显的表现，所以考察起来很少有失误。（形色都是外在表现，所以可以察看到。）对人才考察的失误，往往在对尤妙和尤虚的考察上。尤妙和尤虚的产生，与普通人不同。（所以不是普通人所能发现的。）所以说尤妙之人，将精明深藏内心，对外没有修饰的姿态。（就像金属溶液内里明亮外表反而不明朗，所以冯唐头发都白了，还屈居郎官一职。）尤虚之人，言辞夸大姿态瑰伟，而内心其实正相反。（就像烛火外表光亮，其实内部暗淡无光，所以主父偃辞藻华丽，一年之中被四次升迁。）而人们在寻求奇才时，不能够精深细微地观测到其中深奥玄妙的道理，明白奇才的奇异和稀少。（奇才的长处十分奇异，不精神细微地观测就无法发现。）或是看其外貌欠佳就认为才能不足，（看到醜蔑相貌丑陋，就怀疑他浅近粗陋。）或是看其姿容魅力就认为行事巨伟，（看到江充相貌俊美，就说他特别奇异。）或是把直率坦白看作是华而不实，（因为其言无不尽，就怀疑其不厚道老实。）或是把乔装粉饰看作是真诚实在。（花言巧语，人人都喜欢。）所以提拔过早成熟的人多有失误，不如按正常次序选用。（有的人认为过早选用甘罗这样的早慧之人会有失误，还是要按正常次序选用人才。）按正常次序是选拔人才的常规。如果不考察一个人真实的能力，还能到哪里找到不失误的方法呢？（看不清一个人的特征本质就不能识别奇才，即使按正常次序选用也不能发现奇才。）所以遗漏了贤才而贤才有所成就，就会遗憾自己没能早点提拔他。（所以郑伯向烛之武道歉。）如果选拔了奇才而奇才没能成功就会有不能事先辨别的忧患。（所以光武帝后悔杀了朱浮。）随心所欲而产生独断专行的错误，就会后悔没有广泛征求别人的意见。（秦穆公没有听从蹇叔的劝阻，所以追悔莫及。）如果广泛征求了别人的意见却又贻误了自己，就会怨恨自己不自信。（隗嚣有心归汉，却被王元的建议误导。）所以良才展现了自己的能力，大家才知道自己认识错误。韩信建立功业，淮阴地区的民众才感到震惊。这难道是人们厌恶奇才喜欢怀疑吗？这是由于奇才不是代代都有，而且他们奇特超凡又不同于常人。（所以不是普通人能识别的。）所以张良虽然身体柔弱，但他的精明强干是众多智者中最出类拔萃的。（不因为身体柔弱就损伤自己的智慧。）荆轲神色平和，但他的精神勇气是众多勇士中杰出的。（不因为神色温和就损伤自己的勇气。）这就是说俊杰是常人中最出类拔萃的人。（奇逸超越众人，所以众人比不上。）圣人是这些常人中出类拔萃的人中最突出的。（比众多奇才通达事理，所以众多奇才比不上。）他们的优异才能越突出，他们的前途就越远大。（不是天下最精通事理的人，谁能达到这个境界呢？）所以一个郡国才德出众的人才，放到州里比较，不见得能进入品第。（郡国才德出众的人才与州里才德出众的人才比较，不见得能进入品第。）一州中进入品第的人才，是国家的中枢。（州里进入品第的人才与天下才德出众的人才比较，对国家的中枢作用又比不上了。椳，乌回反，户枢。）天下对国家起中枢作用的人才，每一代的优劣也不一样。（英明的人不是代代都有，所以伊尹、召公、管仲、晏婴都是应运而生。）所以普通人所看重的，是看重他比自己突出的才能，（智慧胜过自

人物志

已，就看重他。）而不是看重他的才能是出类拔萃的。（出类拔萃的，不是普通人所能识别的。）所以普通人的明智，是能知晓郡国之中的人才数量，（普通人中明智的，大概知道郡国杰出的人才而已。）但不能知道他们进入品级的程度。（还不知道郡国中的人才进入品级的程度。）郡国人才的明智，在于能知道进入品级的程度，（聪明中的聪明人，大概能知道进入郡国人才中的良才。）而不能识别最为杰出的良才。（不能认识到杰出人才奇异的原因。）最为杰出的良才，能够知晓圣人的教诲，（看见他的时候他在你前面，可是忽然之间他又出现在后面了。）但不能深入了解圣人获得大道的奥秘。（比如看到卓尔不群的人，虽然想要跟从他，却不知道怎样才能做到。）由此可见，审察人才的道理，是奇妙无穷又难以掌握的。（应当描绘他的外表特征，用外物恰当比喻，观察他的会合疏通之意，列举其中一个方面而已。）

效难第十一

（人材精微，实自难知。知之难审，效荐之难。）

【题解】

效难，是指有效地认识人才有两种难点。一是难在难以认识人才本身，二是难在认识人才却没有途径举荐人才。作者对这两个难点进行了详尽的分析，清楚地阐述了两个难点形成的主观原因和客观原因，鼓励人们要克服考察任用人才上遇到的困难，让各种人才真正发挥才能，为国效力。

【原文】

盖知人之效有二难。有难知之难，（尤奇游杂，是以难知。）有知之而无由得效之难。（己虽知之，无由得荐。）何谓难知之难？人物精微，（智无形状，奇逸精妙。）能神而明，（欲入其神，而明其智。）其道甚难，固难知之难也。（知人则哲，惟帝难之，况常人乎？）是以众人之察不能尽备。（各守其一方而已。）故各自立度，以相观采。（以己所能，历观众才。）或相其形容，（以貌状取人。）或候其动作，（以进趋取人。）或揆其终始，（以发止取人。）或揆其儗[①]象，（以旨意取人。）或推其细微，（以情理取人。）或恐其过误，（以简恕取人。）或循其所言，（以辞旨取人。）或稽其行事。（以功效取人。）八者游杂，（各以意之所可为准，是以杂而无纪。）故其得者少，所失者多。（但取其同于己，而失其异于己，己不必兼，故失者多。）是故必有草创信形之误，（或色貌取人而行违。）又有居止变化之谬。（或身在江海，心存魏阙。）故其接遇观人也，随行信名，失其中情。（是以圣人听言观行，如有所誉，必有所试。）故浅美扬露，则以为有异。（智浅易见，状似异美。）深明沉漠，则以为空虚。（智深内明，状似无实。）分别妙理，则以为离娄。（研精至理，状似离娄。）口传甲乙，则以为义理。（强指物类，状似有理。）好说是非，则以为臧否。（妄说是非，似明善否。）讲目成名，则以为人物。（强议贤愚，似明人物。）平道政事，则以为国体。（妄论时事，似识国体。）犹听有声之类，名随其音。（七者不能明物，皆随行而为之名，犹听猫音而谓之猫，听雀音而谓之雀，不知二虫竟谓何名也。世之疑惑皆此类也。是以鲁国儒服者众，人皆谓之儒，立而问之，一人而已。）夫名非实，用之不效。（南箕不可以簸扬，北斗不可挹酒浆。）故曰：名由口进，而实从事退。（众睹形而名之，故用而不验也。）中情之人，名不副实，用之有效。（真智在中，众不能见，故无外名而有内实。）故名由众退，而实从事章，（效立则名章。）此草创之常失也。（浅智无终，深智无始，故众人之察物，常失之于初。）故必待居止，然后识之。（视其所止，观其所居，而焉不知？）故居视其所安。（安其旧者敦于仁。）达视其所举，（举刚直者厚于义。）富视其所与，（与严庄者明于礼。）穷视其所为，（为经术者勤于智。）贫视其所取，（取其分者存于信。）然后乃能知贤否。（行此者贤，反此者否。）此又已试，非始相也。（试而行之，岂相也哉！）所以知质，未足以知其略。（略在变通，不可常准。）且天下之人，不可得皆与游处。（故视其外状，可以得一，未足尽知。）或志趣变易，随物而化。（是以世祖失之庞萌，曹公失之董卓。）或未至而悬欲，或已至而易顾。（李轶始专心于光武，终改顾于圣公。）或穷约而力行，或得志而从[②]欲。（王莽初则布衣折节，卒则穷奢极侈。）此又居止之所失也。（情爱如此，谁能定之？）由是论之，能两得其要，是难知之难。（既知其情，又察其变，故非常人之所审。）

【注释】

①儗（nǐ）：同“拟”，比拟。

②从：通“纵”，放纵。

【译文】

要想有效地认识人才有两个难点。一是难在难以认识人才本身，（奇才的行为表现往往多变复杂，所以难以认识。）一是难在虽认识人才却没有办法让其发挥效用。（自己虽然知道人才，却没有办法让他被举荐。）什么是难以认识人才本身呢？人的才智精深奥妙，（智慧没有形状，奇特超俗、精微奥妙。）能够深入他的精神世界从而了解他的才智，（想要进入他的精神世界，从而了解他的才智。）这本身就特别困难，所以说难在难以认识人才本身。（能知人的人是圣贤，连帝王都难以做到，何况是普通人呢？）所以普通人审察人才的方法不能做到彻底完备。（各有各的标准而已。）所以各自确立自己的标准，用来观察和使用人才。（用自己的才能标准，来考察人才的才能。）或是看人的外貌，（以貌取人。）或是观察人的行为举止，（以行为举止取人。）或是揣度他的出发点是否正确，（以进退取人。）或是揣度对他拟想的形象，（以自己的主观意图取人。）或是审察他的细微之处，（以情理取人。）或是担心他的过失和错误，（以宽大仁恕的态度取人。）或是听取他的言辞观点，（以言辞观点取人。）或是考察他做事的成效。（以成效取人。）以上所述八种审察人才的方法杂乱不一，（各自以自己觉得对的方法为标准，所以杂乱无章。）所以用这些方法审察任用人才时获得的人才少，遗漏的人才多。（只是取用符合自己标准的而遗漏与自己标准不同的，自己不能兼用多个标准，所以遗漏的人才多。）所以必然会有草率地相信外表的东西导致的谬误，（或是以貌取人，但行为不符合标准。）还有所用人才在不同地位或职位上的变化与内心不一致的谬误。（或是身在江湖，但心在朝廷。）因为他接待观察人才时，轻易地相信他的行为和名声，遗漏了他内心的真实情况。（所以圣人要听一个人说话，观察他的言行举止，如果要赞美他，必定先要检验他。）所以一个人心智肤浅显扬表露，却被认为是异于常人。（心智肤浅显扬表露，好像有一种特别的美感。）一个人心智深邃内心明白而不外露，却被认为是空洞无物。（智慧深邃内心明白，看起来好像空洞无物。）一个人把道理分析得丝丝入扣，却被认为是离娄一类的人物。（研究道理到精深的地步，看起来好像离娄一类的人才。）一个人勉强能区分事物的等级次第，却被认为是精通义理。（勉强地对物体作分类，看起来好像有理有据。）一个人喜欢评论是非，却被认为是明辨善恶。（随意评论是非，好像明白善恶。）一个人勉强能辨别人的贤能和愚昧，却被认为是善于知晓人物。（勉强议论人的贤能和智慧，好像知晓人物。）一个人随意谈论政事，却被认为是国家的栋梁之才。（随意议论国家大事，好像明白国家的事务。）这就像听见一类事物的声音，就根据它们的声音为之命名一样。（以上七种人都不能明白事物，都根据他们的行为为之命名。就像听见猫的叫声就说是猫，听见鸟雀的叫声就说是鸟雀，根本不知道两种动物是什么。世人的疑惑都是此类。所以鲁国儒生多，人们把鲁国人都叫儒生，在鲁国一问，也就一个儒生而已。）名不副实，任用了也没有成效。（南箕不能用来簸扬，北斗不能用来舀酒。）所以说：名声通过众人之口而宣扬提升，而真实能力却因为做事没有成效而下降。

（众人看见外表而命名的，所以任用了也没有成效。）内心有智慧的人，也名不副实，但任用他们却有成效。（真正的智慧藏在心中，众人看不见，所以在外没有名声而内心其实富有智慧。）所以说名气因为不被众人所认识而减退，但真实能力却因做事成效显著而彰显。（做事成效显著就使得名声彰显。）这些都是草率地审察人才时常出现的失误。（肤浅的心智没有终结，深邃的心智没有开始，所以人们观察人物，常常在考察心智的开始时出现失误。）所以说一定要观察他的进退，才能认识他的才能。（观察他的进退，怎么可能不知道他的才能呢？）所以在他没当官的时候看他安心于什么，（安心于旧日生活的人必定敦厚仁慈。）在他当官以后看他所举荐的人，（举荐刚直之人的人必定重情重义。）在他富裕的时候看他交往的人群，（交往态度严肃庄重的人必定明礼。）在他窘困的时候看他的所作所为，（研究经学的人必定勤于思考。）在他贫穷的时候看他索取的东西，（索取自己本分内的东西的人必定诚信。）然后就能知道他是否贤能。（符合这些条件就贤能，不符合这些条件就不贤能。）这样做是通过考验知人，不是仅仅凭眼睛看。（检验他的行为，怎么能只用眼睛看呢？）所以知晓一个人的本质，还不足以知晓他的方略。（方略总在变化，没有固定的标准。）况且天下之人，不可能都与其交往相处。（所以观察其外表，可以知晓一个方面，不能全部知晓。）或是志趣改变，随事物的变化而变化。（所以刘秀错看了庞萌，曹操错看了董卓。）或是还没达成志向就因欲望的诱惑而改变，或是已经达成志向却又发生了改变，（李轶一开始跟随光武帝刘秀，后来改而跟随刘玄。）或是处于穷困低贱却努力行动，或是得志后却纵情享受。（王莽一开始生活简朴甘居人下，最后却穷奢极欲。）这又是考察人才时没能考虑到情况的变化而发生的失误。（情爱就是如此千变万化，谁能固定住它呢？）由此论之，考察人物时要做到以上两点就是难以知晓人才的困难。（既要知晓他的性情，又要考察他的变化，所以不是普通人在审察人才时能做到的。）

【原文】

何谓无由得效之难？上材已莫知，（已难识知。）或所识者在幼贱之中，未达而丧。（未及进达，其人已丧。）或所识者未拔而先没[①]。（未及拔举，已先没世。）或曲高和寡，唱不见赞。（公叔痤荐商鞅，而魏王不能用。）或身卑力微，言不见亮。（禽息举百里奚，首足皆碎。）或器非时好，不见信贵。（窦后方好黄老，儒者何由见进？）或不在其位，无由得拔。（卞和非大匠，所以抱璞泣。）或在其位，以有所屈迫。（何武举公孙禄，而为王氏所推。）是以良材识真，万不一遇也。（材能虽良，当遇知己。知己虽遇，当值明王。三者之遭，万不一会。）须识真在位，诚百不一有也。（虽识已真，或不在位。）以位势值可荐致之，宜十不一合也。（识已须在位，智达复须宜。）或明足识真，有所妨夺，不欲贡荐。（虽识辨贤愚，而屈于妨夺，故有不欲。）或好贡荐，而不能识真。（在位之人，虽心好贤善，而明不能识。）是故知与不知，相与纷乱于总猥之中。（或好贤而不识，或知贤而心妒，故用与不用，同于众总，纷然淆乱。）实知者，患于不得达效。（身无位次，无由效达。）不知者，亦自以为未识。（身虽在位，而不能识。）所谓无由得效之难也。故曰知人之效，有二难。（是以人主常当运其聪智，广其视听，明扬侧陋，旁求俊乂[②]，举能不避仇雠，拔贤不弃幽隐，然后国家可得而治，功业可得而济也。）

【注释】

①没：同“殁”，死亡。

②俊乂（yì）：才德出众的人。

【译文】

什么是“无由得效之难”？上等人才已经很难辨识，（已经很难识别知晓。）或是所识别的人才在年幼、身处卑贱时，没能等到显达就丧了命。（还没等到晋升显达，就已经丧命。）或是所识别出来的人才还没等到提拔就先过世了。（还没等到提拔选用，就先过世了。）或是所识别的人才曲高和寡，所倡导的观点不被人们赞赏。（公叔痤向魏王举荐商鞅，而魏王却不能任用商鞅。）或是自己地位卑贱力量弱小，所言不被信任。（禽息为了举荐百里奚，以头撞秦缪公的马车而死荐。）或是所识别的人才的才干不被当权者所喜欢，不能够被信任重视。（窦后当时喜好黄老之道，儒生怎么可能被举用呢？）或是自己不在其位，没有提拔人才的权力。（卞和不是能工巧匠，所以抱着璞玉哭泣。）或是身在其位，但被迫屈从。（何武举荐公孙禄，却被王氏否定。）所以良才遇到真正的赏识者，一万个良才也遇不到一个真正的赏识者。（即使身有良才，也要得遇赏识自己的人。即使遇上赏识自己的人，还要遇上贤明的君主。三种情况都遇上，一万次里也难有一次。）等到赏识良才的人在位，实在是一百个良才里也不见得有一个有这样的机遇。（虽然真正赏识良才，或许不在其位。）识才者在位有权又正在寻找人才，大概十个良才里碰不到一个这样的机遇。（赏识自己的人必须在其位，还要有与之相宜的智慧和通达。）或是在位者的英明能够辨识真才，但因受到妨碍而被迫改变，不想举荐人才。（虽然识别人的贤能愚昧，而屈从于妨碍逼迫，所以不想举荐人才。）或是在位者喜欢举荐人才，但不能识别真正的人才。（在位之人，虽然心里喜欢贤德之人，但英明不够识别人才。）所以识别人才的能否，相互交错地混在一起。（或是喜欢贤能之人但无法识别，或是知晓贤能之人而心存嫉妒，所以任用人才与否，混同在一起，纷然淆乱。）真正能够认识人才的人，忧虑的是没有途径让人才发挥效用。（没有权力，无法让人才发挥效用。）不能够真正识别人才的人，忧虑的是自己不能识别任用人才。（虽身在其位，但不能识别人才。）这就是所说的“无由得效之难”。所以说要有效地认识人才，有两个难点。（所以君主应常常运用自己的聪明智慧，广泛听取意见，选拔身处偏僻之地的人才，寻求才德出众的人，举用贤能之人时不避自己的冤家对头，选拔贤明之人时不弃隐居未仕之人，然后才能治理好国家，才能建立功业。）

释争第十二

（贤善不伐，况小事乎！释忿去争，必荷荣福。）

【题解】

释争，是指分析君子“不争”和小人“争竞”两种截然不同的为人处世态度。作者通过分析君子和小人对争竞的两种不同态度以及带来的益处或害处，阐述了不争即是争、让敌即是胜、下众即是上的辩证关系，也表明了作者推崇君子通过不争谦让来达到以屈求伸、以让胜敌、转祸为福、屈敌为友等目的。

【原文】

盖善以不伐为大，（为善而自伐其能，众人之所小。）贤以自矜为损。（行贤而去自贤之心，何往而不益哉！）是故舜让于德，而显义登闻。汤降不迟，而圣敬日跻。（彼二帝虽天挺圣德，生而上哲，犹怀劳谦，疾行退下，然后信义登闻，光宅天位。）郤至[①]上人，而抑下滋甚。王叔好争，而终于出奔。（此二大夫矜功陵物，或宗夷族灭，或逃祸出奔。由此观之，争让之道，岂不悬与？）然则卑让降下者，茂进之遂路也。（江海所以为百谷王，以其处下也。）矜奋侵陵者，毁塞之险途也。（兕虎所以撄牢槛，以其性犷噬也。）是以君子举不敢越仪准，志不敢凌轨等，（足不苟蹈，常怀退下。）内勤己以自济，外谦让以敬惧。（独处不敢为非，出门如见大宾。）是以怨难不在于身，而荣福通于长久也。（外物不见伤，子孙赖以免。）彼小人

人物志

则不然。矜功伐能，好以陵人，（初无巨细，心发扬以陵物。）是以在前者人害之，（矜能奔纵，人情所害。）有功者人毁之，（恃功骄盈，人情所毁。）毁败者人幸之。（及其覆败，人情所幸。）是故并辔争先，而不能相夺。（小人竞进，智不相过，并驱争险，更相蹈籍。）两顿俱折，而为后者所趋。（中道而毙，后者乘之。譬兔殛犬疲，而田父收其功。）由是论之，争让之途，其别明矣。（君子尚让，故涉万里而途清。小人好争，足未动而路塞。）

【注释】

①郤（xì）至：春秋时晋国大夫，在晋楚鄢陵之战中立功。

【译文】

具有美好善良品性的人认为不自我夸耀是最崇高的德行，（行为美好却自我夸耀自己的才能，会被众人鄙视。）怀有贤良美德的人认为自骄自傲会招致损害。（行事贤能而放弃夸耀自己贤能的心思，到哪里不会受益呢？）所以虞舜谦让于有德才的人，使得自己所发扬的正义闻达于上天。商汤受天命应期而降，他的圣明使他得到的尊敬与日俱增。（这两个圣明的君主虽然天生美德，生而知之，还怀有勤劳而谦虚之心，努力作为，谦逊不争，然后才能让信义广为人知，将君主的事业发扬光大。）郤至身在高位，却拼命压制下边的人才。王叔喜欢争强好胜，而最终逃走投奔他国。（这两个大臣居功自傲，或是整个宗族被灭，或是为了逃避祸患而投奔他国。）这就是谦逊退让甘居人后，是事业昌盛、不断进取的成功之道。（江海之所以能成为百谷之王，是因为它处于低下的位置。）骄傲自大、恃强凌物，是毁坏声誉、堵塞前途的危险之路。（猛兽之所以被关在牢笼里，是因为它性情凶猛、吃人噬骨。）所以君子的一举一动不敢越过礼法规矩，其志向不敢越过正常的轨道，（脚不随意踩踏，常怀谦逊退让之心。）自己独处时努力自我修养、自我完善，在外交际时用恭敬畏惧的态度去谦让别人。（独处时不敢做不好的事，出门交际如同会见贵宾那样恭敬畏惧。）所以不会招致别人的怨恨责难，也就能长久地拥有荣耀和幸福。（不被外人伤害，子孙也得以保全。）那些小人就不是这样。他们居功自傲、自我夸耀，喜欢凌驾于他人之上，（无论在大事还是小事上，都居功自傲，想凌驾于众人之上。）所以当他处于领先的时候就有人陷害他，（随心所欲地自我夸耀，被陷害是人之常情。）他们立功的时候就有人诋毁他，（居功自傲，自满自大，被诋毁是人之常情。）他们遭到毁败时就有人幸灾乐祸。（等到他们摔倒失败，被幸灾乐祸是人之常情。）所以当小人们并驾齐驱、争先恐后时，谁也无法压倒谁。（小人争先恐后奋进，智力相当，并驾争先，相互踩踏。）当双方都受到困顿挫败时，就会被后面的人乘虚追赶上来。（半途而死，后面的人乘势赶上。就像兔子跑不动了猎狗也累坏了，而农夫却坐收其利。）由此论之，争夺和谦让这两种方法，差别十分明显。（君子崇尚谦让，所以跋涉万里之路也是道路通畅。小人喜好竞争，脚还没迈出去而路已经阻塞了。）

【原文】

然好胜之人，犹谓不然。（贪则好胜，虽闻德让之风，意犹昧然，乃云古人让以得，今人让以失，心之所是，起而争之。）以在前为速锐，以处后为留滞，（故行坐汲汲，不暇脂车。）以下众为卑屈，以蹑等为异杰，（苟矜越等，不羞负乘。）以让敌为回辱，以陵上为高厉。（故赵穿不顾元帅，彘子以偏师陷。）是故抗奋遂往，不能自反也。（譬虎狼食生物，遂有杀人之怒。）夫以抗遇贤，必见逊下。（相如为廉颇逡巡[①]，两得其利。）以抗遇暴，必搆[②]敌难。（灌夫不为田蚡持下，两得其尤。）敌难既搆，则是非之理必溷而难明。（俱自是而非彼，谁明之耶！）溷而难明，则其与自毁何以异哉！（两虎共斗，小者死，大者伤，焉得而两全！）且人之毁己，皆发怨憾而变生亹[③]也。（若本无憾恨，遭事际会，亦不致毁害。）必依托于事，饰成端末。（凡相毁谤，必因事类而饰成之。）其余听者虽不尽信，犹半以为然也。（由言有端角，故信之者半。）己之校报，亦又如之。（复当报谤，为生翅尾。）终其所归，亦各有半，信著于远近也。（俱有形状，不知其实，是以近远之听皆半信于此，半信于彼。）然则交气疾争者，为易口而自毁也。（己说人之瑕，人亦说己之秽，虽詈人自取其詈也。）并辞竞说者，为贷手以自殴。（辞忿则力争，己既殴人，人亦殴己，此其为借手以自殴。）为惑缪岂不甚哉！（借手自殴，借口自詈，非惑如何？）然原其所由，岂有躬自厚责，以致变讼者乎？（己能自责，人亦自责，两不言竞，变讼何由生哉？）皆由内恕不足，外望不已。（所以争者，由内不能恕己自责，而外望于人不已也。）或怨彼轻我，或疾彼胜己。（是故心争，终无休已。）夫我薄而彼轻之，则由我曲而彼直也。（曲而见轻，固其宜矣。）我贤而彼不知，则见轻非我咎也。（亲反伤也，固其宜矣。）若彼贤而处我前，则我德之未至也。（德轻在彼，固所宜也。）若德钧而彼先我，则我德之近次也。（德钧年次，固其常矣。）夫何怨哉！且两贤未别，则能让者为隽矣。（材钧而不争优劣，众人善其让。）争隽未别，则用力者为惫矣。（隽等而名未别，众人恶其斗。）是故蔺相如以回车决胜于廉颇，寇恂以不斗取贤于贾复。（此二贤者，知争途不可由，故回车退避，或酒炙迎送。故廉贾肉袒，争尚泯矣。）物势之反，乃君子所谓道也。（龙蛇之蛰以存身，尺蠖之屈以求伸。（虫，微物耳，尚知蟠屈，况于人乎？）是故君子知屈之可以为伸，故含辱而不辞。（韩信屈于胯下之辱。）知卑让之可以胜敌，故下之而不疑。（展喜犒齐师之谓也。）及其终极，乃转祸而为福，（晋文避楚三舍，而有城濮之勋。）屈仇而为友。（相如下廉颇，而为刎颈之交。）使怨仇不延于后嗣，而美名宣于无穷。（子孙荷其荣荫，竹帛纪其高义。）君子之道，岂不裕乎！（若偏急好争，则身危当年，何后来之能福！）且君子能受纤微之小嫌，故无变斗之大讼。（大讼起于纤芥，故君子慎其小。）小人不能忍小忿之故，终有赫赫之败辱。（小人以小恶为无伤而不去，故罪大不可解，恶积不可救。）怨在微而下之，犹可以为谦德也。（怨在纤微，则谦德可以除之。）变在萌而争之，则祸成而不救矣。（涓涓不息遂成江河，水漏覆舟胡可救哉！）是故陈余以张耳之变，卒受离身之害；（思复须臾之忿，忘终身之恶，是以身灭而嗣绝也。）彭宠以朱浮之郤，终有覆亡之祸。（恨督责之小故，违终始之大计，是以宗夷而族灭也。）祸福之机，可不慎哉！（二女争桑，吴楚之难作；季郈[4]斗鸡，鲁国之衅作。可不畏欤！可不畏欤！）

【注释】

①逡巡（qūn xún）：因为有所顾虑而徘徊不前或退却。

②搆：同“构”，构成。

③舋（xìn）：征兆。

④郈（hòu）：姓氏。

【译文】

然而争强好胜的人，却觉得不是这样。（贪婪就好胜，虽然听说了谦让的美德，但内心还是不明白，说什么古人谦让有所得，今人谦让有所失，心中觉得这种说法是对的，就奋起争夺。）他们认为领先人前是迅捷锐利，认为落后于人是停留滞后，（所以行走坐卧都急急忙忙，没有时间修养自我。）认为屈居人下是卑微屈服，认为超过同等人是奇才英杰，（以超越同等级的人为骄傲，不以小人之举为耻。）认为谦让对手是避让屈辱，认为凌驾人上是崇高超绝。（所以赵穿不顾元帅贸然出击，先縠偏师冲入楚军。）所以他们不顾一切地重复以往的错误，不能从错误中自觉返回。（就像虎狼争食生物，于是有了要杀人的怒气。）用对抗的态度对待贤者，必然被贤者谦让。（蔺相如对廉颇谦让，使双方都受益。）用对抗的态度对待性情急暴的人，必然导致对方的敌对非难。（灌夫不对田蚡低头，最终两个人都获罪。）敌对非难已经造成，是非的道理必然就混沌不清、难以辨明。（都认为自己对而否定对方，谁能辨明是非呢？）是非的道理混沌不清、难以辨明，这和自我诋毁有什么差别呢？（两虎相斗，小的死，大的伤，怎么可能两全呢？）而且别人诋毁自己，都是因怨恨之气爆发而出现变故的征兆。（如果根本没有怨恨，遇到时机，也不会被诋毁伤害。）诋毁之人必然会假借一件事，来掩其盖毁谤的实质。（凡是相互毁谤的人，必定要找一些漂亮的借口。）其余的旁听之人虽然不是完全相信他们所说的借口，还是有一半的人会认为他们说得对。（因为毁谤之辞有一定的根据，所以还是有一半的人会相信。）自己对诋毁者的回击，也是一样的做法。（回报对方以毁谤之辞，并添油加醋。）归根到底，都有一半可信，远近之人所看所听都信以为然。（双方都说得有鼻子有眼，人们不知道真实的情况，所以远近的人听说后一半相信这种说法，一半相信那种说法。）这就是说气愤相交、激烈争斗的人，其实是用对方的口来进行自我毁谤。（自己说别人的瑕疵，别人说自己的缺点，虽是骂别人其实是自取其辱。）同时用语言互相争斗，是借别人的手来自我殴打。（言辞激烈就会动手，自己既然殴打别人，别人也殴打自己，这就是借别人的手来自我殴打。）这种行为不是太让人疑惑太荒谬了吗？（借别人的手来自我殴打，借别人的口来自我辱骂，不是疑惑又是什么呢？）然而追究这些行为发生的原因，难道是深切责备自身的错误，因此导致变故争讼的吗？（自己责备自己的错误，别人也责备自己的错误，双方不作口舌之争，怎么可能导致变故争讼呢？）这都是由于人们内心没有足够的宽恕之心，对外不停地埋怨他人导致的。（所以争讼的人，由于内心不能有宽恕之心、自我责备错误，对外不停抱怨他人所致。）或是怨恨对方轻视自己，或是痛恨对方胜过自己。（所以内心的争斗之心，无休无止。）我浅薄而对方轻视我，这是因为我理亏而对方理直。（理亏而被轻视，理所应当。）我贤能而对方不知道，我被轻视就不是我的过错。（靠近带刺的树木被刺伤，理所应当。）如果对方贤能而位在我前，这是因为我的德行还没达到。（德轻而被轻视，理所应当。）如果德行相当而对方而位在我前，这是因为我的德行与他接近但年轻一些。（德行相当但年轻一些，常理就是如此。）有什么可怨恨的呢？而且两个人的贤能没有差别，那么能谦让的就是杰出的人才。（才能相当而不争优劣，大家都称赞他的谦让。）两个人争抢杰出而不分上下，那么争抢得最厉害的就是劣等的人才。（同样优秀而不分上下，大家厌恶他的争斗。）所以蔺相如因为回车躲避廉颇的羞辱而胜出一筹，寇恂因为避免与贾复争斗而获得贤名。（这两位贤者，知道争讼的方法不可取，所以一个人回车退避对方，一个用酒肉迎送对方。所以廉颇袒背负荆请罪，双方的争斗停止。）行动的结果在表面上与实质上截然相反，这就是君子所谓的道。（龙蛇蛰伏是为了保存自己，尺蠖屈起身体是为了伸展身体。虫，微小的生物，尚且知道盘屈，何况人呢？）所以君子知道屈曲可以达到伸展的目的，因此毫不推辞地选择忍受屈辱。（韩信委屈自己承受胯下之辱。）知道谦逊退让可以战胜对手，所以毫不迟疑地选择屈居人下。（展喜犒劳齐国军队就是如此。）等到最终的结果，就会转祸为福，（晋文公对楚军退避三舍，从而建立了城濮之战的功勋。）使仇人屈服变为朋友。（蔺相如甘居廉颇之下，所以与廉颇成了刎颈之交。）使怨恨仇视不延及后代，而让谦让的美德永久流传。（子孙受他荣耀的庇护，史书记载他的高义。）君子所谓的道，难道不是宽容吗？（如果急躁好争，当时就会身处险境，哪里来的后福呢？）而且君子能忍受小小的嫌隙，所以没有变成大斗的讼争。（大的讼争都起于小小的嫌隙，所以君子谨慎对待小小的嫌隙。）小人因为不能忍受小小的愤怒，所以最终招致大大的失败屈辱。（小人认为小恶无伤大雅而不去消除，所以让罪恶发展到不可消解，让恶人积恶到不能被救助。）在对方怨恨还很小的时候就甘拜下风，还可以成就谦让的美德。（怨恨还小的时候，谦让的美德可以消除。）福祸变化还在萌芽时就争竞，就会酿成无法挽回的大祸。（涓涓细流不停注入所以汇成江河，小洞漏水导致舟船倾覆，怎么可能挽救呢？）所以陈余因为与张耳之间关系的变糟，最终遭受自身败亡、后代灭绝的灾祸；（只想着报复一时的小忿恨，而忘记这会导致终生的恶果，所以自身败亡而且后嗣灭绝。）彭宠因为与朱浮的隔阂，最终招致被杀的灾祸。（怨恨督查责罚这样的小事，违背始终之大计，所以被夷灭宗族。）对于福祸转化发生的缘由，可以不谨慎对待吗？（两个女子争抢桑叶，引发吴楚两国的战乱；季氏和郈氏斗鸡，挑起鲁国的祸乱。可以不畏惧吗？可以不畏惧吗？）

【原文】

是故君子之求胜也，以推让为利锐，（推让所往，前无坚敌。）以自修为棚橹，（修己以敬，物无害者。）静则闭嘿泯之玄门，动则由恭顺之通路。（时可以静，则重闭而玄嘿，时可以动，则履正而后进。）是以战胜而争不形，（动静得节，故胜无与争；争不以力，故胜功见耳。）敌服而怨不搆。（干戈不用，何怨搆之有？）若然者悔吝不存于声色，夫何显争之有哉！（色貌犹不动，况力争乎！）彼显争者，必自以为贤人，而人以为险诐[1]者。（以己为贤，专固自是，是己非人，人得不争乎？）实无险德，则无可毁之义。若信有险德，又何可与讼乎！险而与之讼，是柙兕[2]而撄虎，其可乎？怒而害人，亦必矣。《易》曰："险而违者讼，讼必有众起。"（言险而行违，必起众而成讼矣。）《老子》曰："夫惟不争，故天下莫能与之争"。（以谦让为务者，所往而无争。）是故君子以争途之不可由也。（由于争途者，必覆轮而致祸。）

【注释】

①诐（bì）：偏颇，邪僻。

②柙（xiá）：关闭猛兽的笼槛。兕（sì）：古代对雌犀牛的称谓。

【译文】

所以君子想要获胜，就把推辞谦让作为锋利的器具，（推辞谦让到达的地方，无人能抵挡。）把自我修养作为防御的武器，（用恭敬来自我修养，就不会被人伤害。）静时就关闭寂静沉默清静无为的大门，动时就遵从恭敬顺从的通衢大道。（行事需要静就关闭大门修养寂静沉默清静无为，时势需要动就步

人物志

上正道而后前进。）所以他能取胜但不导致争竞，（动静有节制，所以取胜也不会导致争竞；不用武力争斗，所以胜利之功自然显现。）对手屈服而没有怨恨。（不用干戈，怎么可能构成怨恨呢？）如果是这样就会连脸上都没有悔恨之色，怎么会出现公开的争竞呢？（声色尚且不动，何况用力去争竞呢？）那些公开与人争竞的人，必然自以为是贤能之人，而别人却认为其是阴险邪僻之人。（自以为贤能，自以为是，肯定自己否定别人，别人能不与其争讼吗？）如果他确实没有阴险邪僻的品德，就没有可以诋毁的地方。如果确实有阴险邪僻的品德，又何必与他争讼呢？明明知道对方是阴险邪僻之人却与他争讼，就像把犀牛关进笼中和迫近绝境的老虎一样，这怎么可以呢？这种人一愤怒就会伤害人，也是必然的。《周易》说："言论险恶行动违背常规，必然会有众人起来和他争论。"（言论险恶行动违背常规，必然引起众人起来和他争论。）《老子》说："只有那不与人相争的人，世界上没有人能和他相争。（致力于谦让的人，所到之处无人能与之相争。）"所以君子认为争竞之路是行不通的。（因为走上争竞道路的人，必然会翻车招致祸患。）

【原文】

是以越俗乘高，独行于三等之上。何谓三等？大无功而自矜，一等。（空虚自矜，故为下等也。）有功而伐之，二等。（自伐其能，故为中等。）功大而不伐，三等。（推功于物，故为上等。）愚而好胜，一等。（不自量度，故为下等。）贤而尚人，二等。（自美其能，故为中等。）贤而能让，三等。（归善于物，故为上等。）缓己急人，一等。（性不恕人，故为下等。）急己急人，二等。（褊戾峭刻，故为中等。）急己宽人，三等。（谨身恕物，故为上等。）凡此数者，皆道之奇，物之变也。（心不纯一，是谓奇变。）三变而后得之，故人莫能及也。（小人安其下等，何由能及哉？）夫惟知道通变者，然后能处之。（处上等而不失者也。）是故孟之反以不伐，获圣人之誉。（不伐其功，美誉自生。）管叔以辞赏，受嘉重之赐。（不贪其赏，嘉赐自致。）夫岂诡遇以求之哉？乃纯德自然之所合也。（岂故不伐辞赏，诡情求名耶？乃至直发于中自与理会也。）彼君子知自损之为益，故功一而美二。（自损而行成名立。）小人不知自益之为损，故一伐而并失。（自伐而行毁名丧。）由此论之，则不伐者，伐之也。不争者，争之也。（不伐而名章，不争而理得。）让敌者，胜之也。下众者，上之也。（退让而敌服，谦尊而德光。）君子诚能睹争途之召险，独乘高于玄路，则光晖焕而日新，德声伦于古人矣。（避忿肆之险途，独逍遥于上等；远燕雀于啁啾，匹鸣凤于玄旷，然后德辉耀于来今，清光侔[①]于往代。）

【注释】

①侔（móu）：相等，等同。

【译文】

所以要想超越世俗登至人生的巅峰，就要不随世俗沉浮处在三等之上。什么是三等呢？没有大功却骄傲自大，是一等。（没有实力却骄傲自大，所以是下等。）有功而自我夸耀，是二等。（夸耀自己的才能，所以是中等。）有大功却不自我夸耀，是三等。（归功于其他人，所以是上等。）愚昧鲁钝却争强好胜，是一等。（不估量自己的能力，所以是下等。）贤能而且能推崇别人，是二等。（自己欣赏自己的能力，所以是中等。）贤能而且能谦让别人，是三等。（把好处让给别人，所以是上等。）对自己宽松但对别人严格，是一等。（没有宽恕别人的心情，所以是下等。）对自己对别人都严格，是二等。（气量狭小、性情暴戾、严厉苛刻，所以是中等。）对自己严格单对别人宽松，是三等。（自己严谨宽恕他人，所以是上等。）所有这几种情况，都是争和让道理的特殊表现，从而使事物的结果发生变化。（人的心不是纯粹单一的，所以说是奇变。）经过三等变化之后而掌握了为人处世的道理，所以没有人能赶得上。（小人安心于下等，怎么可能赶得上呢？）只有知晓道理通晓变化的人，才能够处在上等的位置。（处于上等的位置而且不失其位。）所以孟之反因为不自我夸耀，受到圣人孔子的称赞。（不夸耀自己的功劳，美誉自然产生。）管叔因为推辞奖赏，反而受到重重的赏赐。（不贪图奖赏，赏赐自然会有。）这难道是用不正当的手段去求取名声吗？这是纯正的道德与自然变化相吻合的缘故。（难道因为不自夸、推辞奖赏，是用不正当的手段去谋求名声？乃是内心的正直与事物的道理自然而然的结果。）君子知道自我贬损反而有益自身，所以做成一件事而获得两种好结果。（君子自损就能做出事情、树立名声。）小人不知道自满会损害自身，所以一自夸就失去双倍的东西。（小人自我夸耀就会败坏事情、丧失名声。）由此来说，不自夸的人，反而受到夸赞。不争名夺利的人，反而名利双收。（不自我夸耀而名声彰显，不争而得理。）谦让对手的人，反而战胜了对手。甘居人下的人，反而高居人上。（退让反而让敌人臣服，谦让尊敬反而让德行光耀。）君子如果真能看到争竞之路上的凶险，独自登高行走在脱离世俗玄远高妙的坦途，就会光芒四射、日新月异，拥有和古代圣贤那样的品德和名声。（避开忿恨肆无忌惮的凶险道路，独自逍遥于无争的上等境界；远离燕雀的叽叽喳喳，像凤凰那样在高远开阔的天空鸣叫，然后让道德的光辉照耀古今，让世界拥有像古代清明盛世那样清亮的光辉。）